El pequeño libro

DE LA

MITOLOGÍA

Amat Editorial, sello editorial especializado en la publicación de temas que ayudan a que tu vida sea cada día mejor. Con más de 400 títulos en catálogo, ofrece respuestas y soluciones en las temáticas:

- Educación y familia.
- Alimentación y nutrición.
- Salud y bienestar.
- Desarrollo y superación personal.
- Amor y pareja.
- Deporte, fitness y tiempo libre.
- Mente, cuerpo y espíritu.

E-books:
Todos los títulos disponibles en formato digital están en todas las plataformas del mundo de distribución de e-books.

Manténgase informado:
Únase al grupo de personas interesadas en recibir, de forma totalmente gratuita, información periódica, newsletters de nuestras publicaciones y novedades a través del QR:

Dónde seguirnos:

 | @amateditorial

    | Amat Editorial

Nuestro servicio de atención al cliente:
Teléfono: **+34 934 109 793**
E-mail: **info@profiteditorial.com**

El pequeño libro
DE LA
MITOLOGÍA

Hannah Bowstead

Amat
editorial

La edición original de esta obra ha sido publicada en inglés por Summersdale, bajo el título *The little book of world mythology*, de Hannah Bowstead.

© Hannah Bowstead, 2026
© Profit Editorial I., S.L., 2026
    Amat Editorial es un sello de Profit Editorial I., S.L.
    Travessera de Gràcia, 18-20, 6º 2ª; Barcelona-08021

Diseño de cubierta: XicArt
Maquetación: Marc Ancochea
Traducción, adaptación y revisión a cargo del Equipo editorial de Amat

ISBN: 978-84-10451-44-5
Depósito legal: B 918-2026
Primera edición: Febrero 2026

Impresión: Gráficas Rey
Impreso en España / *Printed in Spain*

ÍNDICE

INTRODUCCIÓN

¿Qué es un mito? ¿Es una historia entretenida, un relato histórico, una narración sobre los orígenes, una herramienta didáctica, la base de una creencia o un elemento unificador cultural? ¡Pues todo eso!

La palabra *mito* deriva del griego antiguo *mythos*, que significa «historia» o «narración». Pero los mitos son más que ficción. Intentan responder a las grandes preguntas sobre la vida, la muerte y el mundo que nos rodea, relacionando las hazañas de dioses y héroes para ayudarnos a dar sentido a nuestra propia existencia y entorno. Estas narraciones también pueden proporcionar un código moral, ricas tradiciones y un sentido de comunidad y orgullo.

Este libro no es una guía exhaustiva de la mitología del mundo, entre otras cosas porque las fuentes son, en el mejor de los casos, incompletas.

Las fuerzas del tiempo, la guerra, el colonialismo y la opresión han hecho todo lo posible por erradicar muchas tradiciones mitológicas. Pero, por suerte, no lo han conseguido al cien por cien.

Este libro es una introducción a las mitologías de algunas de las culturas más importantes del mundo, un recorrido relámpago que comienza en el antiguo Oriente Medio y recorre Europa, Asia, América y Oceanía. A lo largo del camino, te encontrarás con guerreros y embaucadores, monstruos y espíritus, amor, pérdidas, guerra, sexo e incluso un *striptease* divino. Disfruta del viaje.

Oriente Medio

Las civilizaciones y mitologías de Oriente Medio son algunas de las más antiguas de las que tenemos constancia. Concretamente, se remontan hasta el año 3100 a. C.

La antigua Mesopotamia era una región de Asia situada entre los ríos Tigris y Éufrates, donde hoy se encuentran Irak y partes de Turquía, Irán, Siria y Kuwait. De hecho, el propio nombre significa «entre ríos», pues deriva de las palabras griegas *mesos* (medio) y *potamos* (río, que también da nombre al hipopótamo). Mesopotamia fue el hogar de varias civilizaciones, entre ellas la sumeria y la acadia, que florecieron desde antes de los primeros registros historiográficos (alrededor del 3000 a. C.) hasta la caída de Babilonia, en el 539 a. C.

Las civilizaciones mesopotámicas son algunas de las más antiguas del mundo y se les atribuye algunos de los progresos más significativos de la humanidad, como el cultivo, los avances en matemáticas y astronomía y, por supuesto, la invención de la rueda. Mesopotamia también es conocida por su literatura, incluida la epopeya de Gilgamesh, considerada la historia más antigua que se conserva en el mundo, que fue descifrada a finales del siglo XIX.

Egipto, una región cercana, ha alcanzado una fama mucho mayor en el mundo moderno. Con las imágenes de momias, esfinges y magníficos seres alados de ojos delineados, la civilización egipcia ha encontrado un hogar acogedor en el corazón de niños y arqueólogos por igual. Pero condensar una civilización tan duradera (aproximadamente entre el 3100 y el 30 a. C.) y compleja en unos pocos escarabajos y ojos de Horus corre el riesgo de menospreciar y confundir los logros de Egipto. Después de todo, Cleopatra vivió más cerca de ti, ahora, que estás leyendo este libro, que de la construcción de la gran pirámide de Guiza.

La antigua civilización egipcia floreció gracias a su ubicación a orillas del río Nilo, fuente de vida, cuyas inundaciones anuales permitieron a sus habitantes desarrollar un sistema agrícola estable para sustentar a la población. El antiguo Egipto es, por supuesto, famoso por su arquitectura y sus técnicas de construcción: la gran pirámide de Guiza es la más antigua de las siete maravillas del mundo antiguo y la única que aún se mantiene en pie. El legado del antiguo Egipto también incluye su medicina, literatura y arte, ámbitos todos ellos muy desarrollados.

MITOLOGÍA MESOPOTÁMICA

Los mitos de las civilizaciones mesopotámicas que han sobrevivido hasta nuestros días nos han llegado en tablillas de piedra o arcilla, escritas en el sistema de escritura cuneiforme, uno de los más antiguos del planeta. Estos relatos, considerados las primeras obras literarias, exploran la creación del mundo, las aventuras de algunos héroes y la dependencia de los seres humanos respecto a los dioses, temas comunes a innumerables mitologías.

Quizás nunca hayas oído hablar de Mesopotamia, los sumerios o los acadios, pero los ecos de sus mitos han perdurado a lo largo de los siglos y se han arraigado en los mitos y cuentos de civilizaciones posteriores. Muchos de los temas y elementos que se exploran en las siguientes páginas (la inmortalidad, la destrucción y el renacimiento, el derecho divino a gobernar) se pueden encontrar en otros textos religiosos, como la Biblia, y es muy posible que hayan servido de inspiración para los mitos de Egipto o Grecia, entre muchos otros.

Por lo tanto, las historias y los temas que aquí se presentan pueden resultar más familiares de lo que cabría esperar.

LAS CIVILIZACIONES DE MESOPOTAMIA

- **Sumer** (nombre de una región histórica) fue la primera de las civilizaciones de Mesopotamia y es una de las más antiguas del mundo. Surgió entre el sexto y el quinto milenio a. C. Los sumerios nos legaron la escritura cuneiforme y también a Gilgamesh, a quien conocerás en breve.

- **Akkad** fue la ciudad central del Imperio acadio, que surgió en el tercer milenio a. C., tras el dominio de Sumer. Los hablantes de sumerio y acadio se unieron bajo un mismo imperio.

- **Asiria** fue un reino del norte de Mesopotamia que existió desde aproximadamente el año 2500 a. C. hasta su caída, entre los años 612 y 609 a. C. Hasta el colapso del Imperio acadio, Asiria se convirtió en una de las dos principales naciones de habla acadia que surgieron de aquel.

- **Babilonia** fue la otra gran nación que surgió tras el colapso del Imperio acadio. Su ciudad central era Babilonia, donde se encontraban los afamados jardines colgantes, una de las siete maravillas del mundo antiguo.

DIOSES DE MESOPOTAMIA

Conozcamos nuestro primer panteón. Un panteón, en pocas palabras, es un conjunto de dioses; la palabra es de origen griego y significa «todos los dioses». Como muchos panteones, los nombres y el linaje de los dioses mesopotámicos varían según la fuente, lo que hace que sean difíciles de explicar. Pero allá vamos.

El panteón comienza con Ki, la diosa de la tierra, y An, el dios del cielo (las parejas de madre tierra y padre cielo son muy comunes en la mitología). Ki y An tienen varios hijos, dependiendo de la fuente, pero entre ellos se encuentran Enlil, el dios del aire, y Ninlil, la diosa del aire. Se dice que Enki, el dios del agua y las travesuras, es hijo de An y su amante Nammu. Ninlil y Enlil se unen y engendran al dios de la luna Nanna, mientras que Enki se une a su hermana Ningikuga para engendrar a Ningal, la diosa de la luna. Nanna y Ningal, a su vez, son los padres del dios del sol, Utu, y de la diosa del amor, Inanna.

Juntos, An, Enlil, Enki, Nanna, Utu, Inanna y otra diosa llamada Ninhursag son conocidos como los siete grandes dioses. Nada más y nada menos.

ENUMA ELISH

Enuma elish es el nombre que se le da al mito de la creación de los babilonios. La historia comienza con la creación del universo a partir de los seres primordiales, Apsu y Tiamat (algunos describen a esta última como la encarnación del caos o una dragón del caos, así de cañera). A continuación, se crearon todos los dioses, pero Tiamat detestaba el ruido y el alboroto que producían (sinceramente, yo también detesto el ruido), por lo que Apsu decidió destruirlos a todos.

Ea (otro nombre para Enki, el dios del agua y las travesuras) se enteró de este plan y no le gustó nada. Así que mató a Apsu y engendró un hijo llamado Marduk a partir del corazón de Apsu. En represalia, la dragona del caos favorita de todos, Tiamat, juró luchar contra Marduk y vengar a Apsu.

La lucha fue encarnizada, pero finalmente Marduk atravesó el corazón de Tiamat con una flecha y la derrotó. Partió su cuerpo en dos para crear el cielo y la tierra. En rápida sucesión, Marduk creó las constelaciones, el calendario, la noche, el día, la luna, las nubes, la lluvia y, finalmente, los seres humanos. Y la ciudad de Babilonia fue construida en su honor.

EL GRAN DILUVIO

Una narrativa recurrente en la mitología mesopotámica es la inundación que destruyó a la humanidad. Para aquellos que conocen la historia bíblica de Noé, esto les resultará familiar.

Atrahasis es la versión acadia. Enki tuvo la brillante idea de crear a los humanos para que hicieran todo el trabajo duro de los dioses. Pero los humanos se pusieron manos a la obra y la superpoblación se convirtió rápidamente en un problema, por lo que Enlil decidió enviar un gran diluvio. Con el deseo de salvar a sus queridos humanos, Enki ordenó a nuestro héroe Atrahasis que construyera un barco para escapar de las aguas. Enlil estaba furioso con Enki por arruinarle la diversión, pero finalmente dejaron a un lado sus diferencias e idearon otros métodos para controlar a la población: la muerte, sobre todo la de los bebés, y el celibato.

La génesis de Heridu es la versión sumeria. La historia es similar a la de Atrahasis (por lo que se sabe, ya que la tablilla en la que se conserva está fragmentada). Una vez más, los dioses crearon a los humanos y, una vez más, dieron un giro radical y enviaron un diluvio destructivo. El héroe, Ziusudra, construyó un barco a instancias de Enki y sobrevivió al diluvio para preservar a la humanidad.

LA EPOPEYA DE GILGAMESH

La epopeya de Gilgamesh se considera la historia más antigua conocida del mundo. Su héroe epónimo, Gilgamesh, era el rey (probablemente real) de la ciudad sumeria de Uruk. Pero era arrogante, codicioso y cruel, por lo que los dioses enviaron a un adversario, Enkidu, para controlarlo. Sin embargo, Gilgamesh y Enkidu se acabaron llevando bien y se embarcaron juntos en una divertida caza de monstruos. La amistad terminó abruptamente cuando Enkidu fue asesinado por los dioses, lo que obligó a Gilgamesh a enfrentarse a su propia mortalidad. Así fue como se propuso descubrir el secreto de la vida eterna.

En su viaje, Gilgamesh conoció al hombre inmortal Utnapishtim y le preguntó cómo había escapado de la muerte. Este le explicó que Enki le había advertido de una inundación inminente (¿te suena?), por lo que había construido un barco para albergar a su familia, animales y plantas. Tras una semana de lluvias torrenciales, Utnapishtim liberó tres pájaros, el último de los cuales no regresó, lo que indicaba que había tierra firme cerca.

Después de escuchar esto, Gilgamesh regresó a Uruk más sabio y feliz, aceptando por fin su propia mortalidad porque la humanidad en su conjunto siempre sobreviviría.

ADAPA Y EL VIENTO DEL SUR

La mortalidad es un tema recurrente en los mitos mesopotámicos, como hemos visto con Gilgamesh. Pero ¿cuál es el origen de la mortalidad y por qué todos los seres humanos deben morir? Una explicación mitológica es la historia de Adapa.

Adapa había sido dotado de una inteligencia inconmensurable por Enki (a veces considerado su padre). Un día, mientras Adapa estaba pescando, el Viento del Sur, una figura alada, descendió y volcó la barca en la que se encontraba. Adapa, enfurecido, arremetió contra él y le arrancó las alas.

El dios supremo An convocó a Adapa al cielo para que se enfrentara a lo que había hecho. Antes de que Adapa se marchara, Enki le advirtió que no comiera ni bebiera nada de lo que los dioses le ofrecieran. Sin embargo, impresionado por la inteligencia de Adapa, An cambió de opinión y le ofreció una comida que le concedería la inmortalidad. Pero Adapa, muy obediente, rechazó la oferta, condenándose sin saberlo a sí mismo y al resto de la humanidad a una vida mortal.

Y así es como ahora sufrimos enfermedades y muerte. Muchas gracias, Adapa.

ADORACIÓN Y PRÁCTICA

Los mitos de Mesopotamia afirmaban que los seres humanos fueron creados por los dioses para servirles, por lo que se les debía mostrar la adoración y la reverencia adecuadas. La oración y la interpretación de presagios parecen haber sido prácticas comunes, a juzgar por los textos que han sobrevivido. Los mesopotámicos también hacían rituales: por ejemplo, cada año nuevo los babilonios celebraban una lectura ritual del *Enuma elish*.

Estos mitos no solo eran la base de la religión y las costumbres mesopotámicas, sino también de su política. Las ciudades tenían deidades protectoras, como Marduk en el caso de Babilonia. Los primeros reyes de estos mitos descendían directamente de los dioses —por ejemplo, Gilgamesh se describe como un ser semidivino— y los gobernantes mesopotámicos posteriores habrían utilizado este linaje para legitimar su reinado y situarse en un plano superior al de sus súbditos, la gente común. Veremos algo similar en breve con los egipcios.

MITOLOGÍA EGIPCIA

La mitología egipcia nos ha llegado en fragmentos procedentes de himnos, decoraciones de templos y textos religiosos. Estos mitos constituían la columna vertebral de la religión y la cultura egipcias y ofrecían explicaciones sobre cómo se creó el mundo y por qué es como es. Comparten muchos temas con la mitología mesopotámica, como la muerte, el renacimiento y la vida eterna.

Un concepto fundamental de la mitología egipcia es la lucha constante entre el orden y el caos, encarnada en el principio de Ma'at, que exploraremos con detalle más adelante. En los ciclos de la naturaleza y el tiempo, estas luchas por mantener el equilibrio y el orden se repiten una y otra vez y era responsabilidad del faraón mantener el caos bajo control. Esto lo conectaba con los dioses egipcios, cuya función había sido hasta entonces precisamente esa.

En las siguientes páginas, aparecen algunos de los grandes nombres de Egipto —Osiris, Anubis y Horus—, así como una serpiente del caos y una diosa leona borracha. Un no parar.

LA ENÉADA

La Enéada era un conjunto de nueve dioses venerados en Heliópolis, una importante ciudad egipcia y centro religioso. Son algunos de los dioses egipcios más conocidos en la actualidad. El dios del sol, Atum (también conocido como Ra), se creó a sí mismo, a partir de las aguas primigenias. Escupió, o quizás eyaculó (no está claro), y dio a luz a dos hijos: Tefnut, diosa de la lluvia, y Shu, dios del aire. Hermano y hermana se unieron, dándole como resultado dos nietos a Atum: el dios de la tierra, Geb, y la diosa del cielo, Nut, adornada con estrellas centelleantes y que se elevaba para arquearse sobre su hermano. Geb y Nut también tuvieron hijos y engendraron a las cuatro deidades restantes de la Enéada: Osiris, Isis, Set y Neftis. Osiris era el dios de la agricultura, el inframundo y los muertos. Se apareó con su hermana Isis. Set, dios de las tormentas y la violencia (suena divertido, ¿verdad?), se unió a Neftis, diosa de la muerte y la oscuridad, una reina gótica por excelencia.

Y Atum gobernó como el primer faraón de Egipto.

MA'AT

La clave de la mitología, la religión y la cultura egipcias era la idea del equilibrio, la justicia y el orden cósmico. Este principio se llamaba Ma'at y era una guía moral por la que se suponía que debían regirse los egipcios. La tarea del faraón era defender el Ma'at y evitar el caos y el desorden. Muchas historias de la mitología egipcia llegaron a representar esta lucha constante entre el orden y el desorden. Veamos algunos ejemplos.

Ma'at era también el nombre de la diosa que personificaba este principio. Su función principal era juzgar las almas de los muertos. Cuando morías, tu corazón se pesaba en una balanza con una pluma que pertenecía a Ma'at y que le servía como contrapeso. Si tu corazón era más ligero que la pluma, habías vivido una vida buena, basada en principios, por lo que podías pasar la eternidad en Aaru, el paraíso. Sin embargo, si tu corazón pesaba más que la pluma de Ma'at, lo único que te esperaba era ser devorado por la diabla Ammit y una condena eterna en Duat, el inframundo. Sin duda, se trataba de un asunto muy serio.

LA ASCENSIÓN DE RA

Ra (también conocido como Atum) fue el primer faraón de Egipto y el máximo defensor de Ma'at. Pero descubrió que los humanos estaban conspirando para derrocarlo. La solución obvia era la aniquilación total, pero, en lugar de enviar una inundación como los mesopotámicos, Ra envió a su hija, Hathor.

Hathor tomó la forma de Sekhmet, una diosa guerrera sedienta de sangre, con cabeza de león y que escupía fuego, que mató a miles de humanos en un frenesí de ira. Ra decidió que ya era suficiente y le ordenó que se detuviera, pero Sekhmet se estaba divirtiendo demasiado y no había forma de que parase.

Así que Ra ordenó que se mezclaran cantidades obscenas de cerveza con tinte rojo y se vertieran sobre las llanuras. Sekhmet, confundiendo la cerveza con un charco de sangre, se la bebió y se emborrachó. Se desmayó y despertó como la pacífica Hathor una vez más.

Ra estaba, comprensiblemente, harto de todo. Tras ceder el gobierno de Egipto a Osiris, ascendió a los cielos más altos, lo más lejos posible de los humanos. Ahora los humanos caídos debían mantener a Ma'at por sí mismos.

EL DIOS SOL Y LA SERPIENTE DEL CAOS

Cada día, Ra se elevaba al cielo en su barca solar y traía luz y vida a todo Egipto. Y en cada puesta de sol, la barca de Ra se sumergía bajo el horizonte y entraba en el Duat. Allí, Ra se encontraba con Apep, una serpiente monstruosa que buscaba destruirlo e impedir el amanecer, desequilibrando así a Ma'at.

Así que, cada noche, Ra luchaba con Apep. Pero Ra no tenía que luchar solo. Los miembros de la Enéada solían acompañarlo en su barca en el viaje a través del Duat, incluido Set, que clavaba su lanza en la serpiente y la mataba. Pero Apep nunca podía ser destruida por completo y, a la noche siguiente, estaba allí para recibir a Ra una vez más.

Sí, la serpiente nunca podía ser derrotada por completo. Pero tampoco Ra. Porque él emergía del Duat cada mañana y el sol volvía a salir en el cielo. Con cada día que pasaba, Ma'at se mantenía y los ciclos de muerte y renacimiento perduraban.

LA MUERTE DE OSIRIS

Osiris, tras heredar la corona, se había convertido en el gobernante de Egipto: mantenía el orden, el equilibrio y la justicia con su esposa Isis a su lado. Pero no pasó mucho tiempo antes de que a Osiris se le fuera la mirada y tuviera una aventura con su propia hermana Neftis. El resultado de esto fue Anubis, el dios del inframundo con cabeza de chacal e inventor del embalsamamiento.

El marido de Neftis (y hermano de Osiris), Set, se enfureció y llevó a cabo la venganza definitiva: asesinó a Osiris. No está claro exactamente cómo se llevó a cabo el asesinato, pero una versión cuenta que Set cortó el cuerpo de Osiris en cuarenta y dos pedazos y los esparció por todo Egipto.

Devastada por la muerte de su marido, Isis pidió ayuda a su hermana Neftis (que presumiblemente actuó a espaldas de su marido Set) y las dos hermanas se pusieron en marcha juntas para recuperar el cuerpo de Osiris. A medida que la búsqueda se prolongaba, las lágrimas de duelo de Isis empezaron a provocar la crecida del río Nilo, dando origen así a las inundaciones anuales.

OSIRIS RENACIDO

Por fin, Isis y Neftis encontraron todos los pedazos del cuerpo de Osiris. ¿Y ahora qué? Al fin y al cabo, Osiris seguía muerto. Pero las dos hermanas podían contar con la ayuda de Anubis, maestro embalsamador, y Thoth, dios de la sabiduría y la ciencia. Juntos, los cuatro dioses reconstruyeron a Osiris como si fuera un rompecabezas, lo embalsamaron y lo envolvieron en telas de lino. Así tuvo lugar la primera momificación de la historia.

Los dioses esperaron con gran expectación. Entonces, el cuerpo de Osiris se estremeció y se incorporó: ¡Osiris estaba vivo! Isis se llenó de alegría al poder reunirse con su amado esposo y, sin perder tiempo, hizo el amor con él apasionadamente. Pero la resurrección de Osiris fue solo temporal y, de hecho, estaba destinado a descender al inframundo, Duat, y convertirse en el gobernante de los muertos.

Para los egipcios, la muerte y resurrección de Osiris era una promesa de vida eterna. Creían que, si se llevaban a cabo los ritos funerarios correctos, lo que incluía la momificación, cada uno de ellos podría alcanzar la inmortalidad en la otra vida, al igual que Osiris.

HORUS

Cuando dejamos a Isis, acababa de pasar un rato muy divertido con Osiris. Y, a su debido tiempo, dio a luz a un hijo con cabeza de halcón, Horus.

Tras el asesinato de Osiris, Horus y Set se vieron envueltos en una feroz lucha por la corona de Egipto. Set intentó fecundar a Horus con su semilla, pero Horus arrojó el semen a un río cercano. En represalia, Horus esparció su propia semilla sobre unas hojas de lechuga, que Set se comió rápidamente.

Entonces Horus le cortó los testículos a Set. Este último respondió sacándole un ojo a Horus (el ojo de Horus se convertiría en un importante emblema de protección, pues todo lo ve). Y así, sucesivamente, en una batalla que no parecía tener fin, entre el caos y el orden que alejaba cada vez más a Ma'at.

Al final, Horus salió victorioso y ocupó su lugar como faraón. Como descendiente directo de Atum, una de las deidades egipcias más importantes, Horus se convirtió en la fuerza espiritual detrás de los faraones. Cada nuevo faraón tenía un poco de Horus dentro de sí, lo que le otorgaba el derecho divino de gobernar.

Europa central

Los antiguos griegos y romanos eran narradores natos. De hecho, muchos consideran a los primeros (en particular a Homero) responsables del nacimiento de la literatura occidental y los romanos estaban ansiosos por aprovechar este legado. Sus mitologías son, en consecuencia, grandiosas y muy divertidas.

El nutrido cuerpo de la mitología griega presenta a los doce dioses del Olimpo, sus predecesores —los titanes— y sus turbulentos encuentros, en todo su esplendor, con los comunes mortales. Estos mitos explicaban la creación y los fenómenos naturales, ensalzaban las hazañas de héroes superestrellas como Heracles y Aquiles, y exploraban los orígenes de la cultura y las costumbres griegas.

Los dioses griegos ayudaban a dar sentido a la naturaleza arbitraria y caótica de la vida: si te ahogabas en un naufragio, era porque habías olvidado hacer los sacrificios adecuados a Poseidón. ¡Ups! Los dioses griegos se parecían mucho a los humanos: temperamentales, impulsivos, celosos y amantes de las discusiones, por lo que, naturalmente, un mundo gobernado por ellos sería, bueno, un poco caótico.

La mitología griega tuvo una enorme influencia en las artes y la literatura de su época y, de hecho, sigue teniéndola en el mundo occidental actual: aunque no hayas visto *Troya* o *Hércules*, de Disney, probablemente hayas oído hablar del complejo de Edipo o te hayas descargado sin querer un virus troyano. Estas historias antiguas siguen resonando en nosotros hoy en día.

Es fácil pensar que la mitología romana se basó en copiar a los griegos (ante lo cual, estos últimos responderían: «Claro, pero les cambiaron el nombre para que no fuera tan obvio»). De hecho, muchos de los mismos personajes e historias aparecen en ambas mitologías, aunque con nombres diferentes o pequeñas variaciones, como decíamos.

Pero es injusto decir que los romanos simplemente les robaron la mitología a los griegos, aunque sin duda querían ser tan geniales como ellos. A medida que el Imperio romano se expandía, también lo hacía su panteón. En lugar de prohibir a los dioses de las culturas que habían conquistado, los romanos los asimilaron a su propia religión. El resultado es un rico tapiz que entrelaza elementos mitológicos de Grecia y otras culturas con cuentos y moralejas romanas.

MITOLOGÍA GRIEGA

Los antiguos griegos fueron muy activos. La antigua civilización griega comenzó alrededor del siglo XII a. C. y se prolongó durante cientos de años, durante los cuales los griegos idearon y desarrollaron cosas como la democracia, la literatura, la filosofía, el teatro, la poesía, la ciencia y el arte. No está mal, ¿verdad? Basta decir que la civilización griega implicaba mucho escribir y mucho luchar, mucho pensar y mucho beber.

Su mitología es, por lo tanto, igualmente compleja. Sus historias suelen ser confusas y no hay un sistema coherente de moralidad o justicia. La vida de los personajes humanos está a merced de los caprichos y fantasías de los dioses. Si te sucedían cosas terribles, no era necesariamente porque te lo merecieras, sino porque Hera o Apolo te tenían o no te tenían en estima.

Por supuesto, aquí solo se abordan unos cuantos grandes éxitos seleccionados: los titanes y los dioses del Olimpo, algunos héroes y la guerra de Troya. Es decir, lo más emocionante. Si estas historias despiertan tu interés por la mitología griega, aún te queda mucho por descubrir.

LOS TITANES

Todo comenzó con el caos, y de este surgió Gaia, la Madre Tierra. Ella, a su vez, dio vida a un hijo: Urano. Madre e hijo se unieron (allá vamos de nuevo) y tuvieron doce hijos robustos, los titanes.

El titán más joven era Cronos, que codiciaba el poder de Urano para sí mismo. Así que, tomando la gran hoz de piedra que Gaia había fabricado, castró a su padre y arrojó sus genitales al océano. Pan comido. Cronos tomó el trono del cielo con su esposa (y hermana) Rea a su lado.

Pero, como la cabeza que llevaba la corona era inquieta, Cronos sospechaba que sus hijos lo derrocarían tal como él había derrocado a su padre. Así que cada vez que Rea daba a luz, Cronos tomaba al niño y se lo comía. Esto sucedió cinco veces y Rea, comprensiblemente, no estaba muy contenta con la situación. Así que, la siguiente vez, le entregó a Cronos una piedra en lugar de a su hijo recién nacido y Cronos, sin detenerse a examinar al bebé de piedra, se la tragó entera.

Y así sobrevivió el sexto hijo de Rea. ¿Cómo se llamaba? Zeus.

LOS DIOSES DEL OLIMPO

Ya adulto, Zeus quería venganza. Obligó a Cronos a vomitar a sus dos hermanos y tres hermanas. Y la piedra. Los hermanos se unieron para derrocar a Cronos en una terrible guerra llamada Titanomaquia. Tras su victoria, Zeus y compañía se trasladaron al monte Olimpo (de ahí el nombre con el que se los conoce), donde Zeus se convirtió en rey de los dioses y gobernante del universo.

Hera es tanto la hermana como la esposa de Zeus, lo que la convierte en la reina de los dioses. Es la diosa del matrimonio y el parto, pero es más conocida por sus celos vengativos.

Poseidón es el dios del mar, que lleva su poderoso tridente y domina las olas y las tormentas. Deméter es un poco más tranquila, ya que gobierna la naturaleza y la agricultura. Y Hestia es la diosa del hogar y la familia.

Y luego está el gótico de la familia, Hades. Como gobernante del inframundo (también llamado Hades, solo para confundirnos), Hades no vive en el Olimpo y, por ello, no se lo considera uno de los dioses del Olimpo. Pero es un tipo muy duro.

Con el tiempo, más dioses se fueron uniendo. Zeus y Hera tuvieron dos hijos: Ares, el violento dios de la guerra, y Hefesto, el herrero de los dioses, que fue expulsado del Olimpo por ser cojo.

¿Recuerdas los genitales de Urano? Pues bien, estos engendraron a la impresionante y hermosa Afrodita, que surgió del océano para sorpresa de todos. Afrodita, diosa del amor, la belleza y el sexo, se casó con Hefesto, pero le costó mucho serle fiel.

Zeus era muy mujeriego. Una de sus aventuras amorosas, con la titánide Leto, dio lugar al nacimiento de dos gemelos: Apolo y Artemisa. Apolo es un auténtico erudito divino, ya que es el dios del sol, la profecía, la poesía, la música, la medicina, las plagas y mucho más. La salvaje Artemisa es la diosa de la luna, el tiro con arco y la caza. Otra de las aventuras amorosas de Zeus dio lugar a Hermes. Como mensajero de los dioses, Hermes revolotea entre el reino mortal y el divino utilizando sus icónicas sandalias aladas.

Por último, está Atenea, la diosa de la sabiduría. ¿Qué cómo nació? En pocas palabras, Zeus sintió un fuerte dolor de cabeza y le pidió a Hefesto que le cortara la cabeza con un hacha; de ella salió Atenea completamente formada. Y tú que pensabas que tus migrañas eran malas.

LA TINAJA DE PANDORA

El titán Prometeo decidió que los humanos necesitaban el fuego. En plena noche, Prometeo se coló en la forja de Hefesto y robó una antorcha encendida para regalársela a los humanos.

Zeus estaba furioso. El fuego era una herramienta poderosa que acercaba a los humanos un poco más a los dioses. Había que hacer algo al respecto. El pobre Prometeo fue enviado al Hades, donde un águila le arrancaría el hígado cada día, una y otra vez durante toda la eternidad. Pero los humanos también tenían que ser castigados, así que Zeus les envió a una mujer.

Se llamaba Pandora, y qué mujer. Los dioses le habían concedido dones, como las hadas de la Bella Durmiente: la belleza de Afrodita, el talento de Atenea y la curiosidad de Hermes. Y Pandora trajo consigo una tinaja (que no una caja).

A Pandora le habían advertido que nunca abriera la tinaja, pero su curiosidad pudo más que ella, así que abrió la tapa. De ella salieron el dolor, la violencia, la muerte, el hambre y otros cien monstruos terribles. Solo quedó la esperanza, una pequeña criatura.

La edad de oro de la humanidad había terminado.

LOS TRABAJOS DE HERACLES

La humanidad necesitaba héroes. ¿Y quién mejor que un buen gladiador? Heracles (Hércules para los romanos) era otro descendiente de Zeus, esta vez con una mujer mortal llamada Alcmena. Hera estaba furiosa por la infidelidad de Zeus y, en una típica jugada de Hera, intentó atormentar a Heracles con miseria durante el resto de su vida.

Heracles se había labrado una impresionante reputación heroica, pero el plan de Hera era frustrarlo. Esta llevó a Heracles a una locura tan feroz que acabó matando a su propia esposa e hijos. Heracles quedó horrorizado por lo que había hecho y, para expiar su culpa, se comprometió a servir al rey Euristeo. Este le asignó diez tareas aparentemente imposibles: los trabajos de Heracles.

Durante los años siguientes, Heracles mató a temibles bestias, como la hidra y el león de Nemea, y afrontó numerosas misiones para recuperar la cierva dorada de Artemisa, el cinturón de Hipólita y las yeguas de Diomedes. Incluso completó dos tareas más, que culminaron con la captura de Cerbero, el perro guardián de tres cabezas del inframundo.

No por casualidad, hasta el día de hoy, cualquier tarea que parezca insuperable se denomina «hercúlea».

TESEO Y EL MINOTAURO

Cada año, Atenas se veía obligada a enviar a Creta a catorce jóvenes «tributos» para que sufrieran un terrible destino. Eran enviados al Laberinto, construido por el maestro artesano Dédalo, donde los acababa devorando el monstruoso Minotauro, hijo de la reina cretense Pasífae y un toro.

El príncipe ateniense Teseo ya estaba harto de la situación. Gritando «¡Me ofrezco voluntario como tributo!» ocupó (probablemente) el lugar de uno de los jóvenes y navegó hasta Creta para matar al Minotauro. Teseo era un chico de ensueño y pronto llamó la atención de la princesa cretense Ariadna, que se coló en su celda esa noche para darle un beso rápido y ofrecerle su ayuda. Ella le dio un ovillo de hilo para que pudiera orientarse en el traicionero laberinto y ambos se juraron amor eterno.

A la mañana siguiente, Teseo entró en el laberinto, ató el hilo a la puerta y corrió hacia el Minotauro. Tras una tremenda lucha, la bestia murió y Teseo siguió el hilo para salir de allí. Él y Ariadna escaparon de Creta y Teseo consolidó su reputación como poderoso héroe.

LA GUERRA DE TROYA

La épica guerra de Troya ha cautivado la imaginación de muchos durante miles de años. Y, en realidad, todo comenzó con un concurso de belleza. Al recibir la orden de elegir a la más bella entre Hera, Atenea y Afrodita, el príncipe troyano Paris eligió a Afrodita porque, a cambio, ella le prometió a Helena, la mujer más bella del mundo. Pero, cuando Paris reclamó su premio, Menelao, el marido de Helena, se enfadó un poco y reunió un poderoso ejército griego para atacar Troya.

La guerra resultante duró diez largos años, con héroes en ambos bandos buscando la gloria. Entre los griegos destacaban el semidivino Aquiles (pese a su débil talón), el despiadado Agamenón, «el cerebrito» Odiseo y «el musculitos» Áyax. Los troyanos contaban con el apuesto príncipe Héctor, prácticamente perfecto en todos los sentidos, así como con Paris, toda una serie de hermanos y su primo Eneas (recordad su nombre para más adelante).

Finalmente, fue el astuto Odiseo quien puso fin a todo, ideando un ingenioso plan para esconder a los soldados griegos dentro de un caballo de madera gigante y destruir Troya desde dentro. Fue así como la ciudad fue arrasada y la guerra terminó.

LA *ILÍADA*, DE HOMERO

Una de las primeras obras de la literatura occidental es la *Ilíada*, un poema épico sobre la guerra de Troya, escrito por Homero. Aunque se le conoce como el padre de la literatura occidental, se sabe muy poco sobre este autor. ¿Era un hombre, una mujer o varias personas? ¿Era ciego? ¿Le gustaban la cerveza y los bollos? ¡No lo sabemos!

Originalmente, la *Ilíada* se recitaba. La cantaban bardos y poetas a lo largo de los años, antes de que finalmente se pusiera por escrito, alrededor del siglo VIII a. C. El poema narra un periodo de unas semanas hacia el final de la guerra, durante el cual Aquiles se peleó con Agamenón por una chica (los tiempos no cambian mucho, ¿verdad?), montó una gran rabieta y se negó a seguir luchando. Los acontecimientos resultantes culminaron con la muerte tanto de Patroclo, compañero íntimo y probable amante de Aquiles, como de Héctor, heredero del trono de Troya. Esto puso en marcha los acontecimientos que llevarían la guerra a su sangriento final.

LA *ODISEA*, DE HOMERO

El poema hermano de la *Ilíada* es la *Odisea*, de Homero. La narración se centra en el viaje de diez años del héroe griego Odiseo de regreso a casa después de la guerra de Troya. Aunque aparentemente estaba desesperado por reunirse con su esposa Penélope y su hijo Telémaco, Odiseo era aficionado a las aventuras y el poema narra sus encuentros con el cíclope Polifemo, la bruja Circe, la ninfa Calipso, los monstruos marinos Escila y Caribdis y las seductoras sirenas. Por el camino, Odiseo perdió a todos y cada uno de sus seiscientos compañeros de tripulación. Todos. No quedó ni uno.

Finalmente, Odiseo regresó a su hogar en Ítaca, donde mató a los ciento ocho pretendientes que, creyéndolo muerto, competían por la mano de Penélope. ¡Menudo final!

La *Odisea*, junto con la *Ilíada*, ha tenido un enorme impacto en la literatura y el arte occidentales. La palabra todavía se utiliza para describir un viaje largo, como bien saben los fans de *Super Mario Odyssey*, y todas las series de aventuras por episodios o las películas de viajes por carretera deben su origen, en cierta medida, a Odiseo y sus terribles habilidades de navegación.

MITOLOGÍA ROMANA

La civilización de la antigua Roma se extendió desde el siglo VIII a. C. hasta el siglo V d. C., pero es la época del Imperio romano (27 a. C.-476 d. C.) la que probablemente sea más conocida, la que evoca imágenes de soldados de rodillas nudosas y hombres con togas diciendo *carpe diem*.

La mitología romana tiene mucho en común con la griega. Los romanos se dieron cuenta de las similitudes entre los dioses griegos y los suyos y los combinaron, por lo que muchos de estos dioses se conocen con dos nombres diferentes. En otros casos, las historias griegas se reciclan con un toque romano.

Los romanos eran un pueblo orgulloso y patriota. Sus mitos más destacados son dos relatos sobre la fundación de Roma, mitos que otorgaban al pueblo romano un linaje divino y ofrecían una justificación para la continuidad de la familia imperial gobernante y la expansión del imperio.

Pero los romanos eran tan amantes del amor como de la guerra. Contrariamente a su imagen habitual de personas rígidas y sin emociones, muchos relatos de la mitología romana narran las alegrías y las penas del amor.

DOS NOMBRES PARA UN MISMO DIOS

Los romanos fusionaron algunos de los dioses griegos con los suyos propios. En esta práctica tabla podrás averiguar a qué dios griego se refieren los romanos.

NOMBRE GRIEGO	NOMBRE ROMANO
Zeus	Júpiter
Hera	Juno
Poseidón	Neptuno
Hades	Plutón
Deméter	Ceres
Hestia	Vesta
Hefesto	Vulcano
Ares	Marte

NOMBRE GRIEGO	NOMBRE ROMANO
Afrodita	Venus
Atenea	Minerva
Apolo	Apolo*
Artemisa	Diana
Hermes	Mercurio
Dioniso**	Baco
Eros***	Cupido

*   Tan bueno que le dejaron el nombre
**   Dios del vino y la fiesta
*** Hijo de Afrodita y dios del amor

LA *ENEIDA*, DE VIRGILIO

Virgilio (70-19 a. C.) fue un poeta romano y gran admirador de Homero. El primer emperador romano, Augusto, le encargó escribir un poema épico que conmemorara la fundación de Roma por el héroe troyano Eneas.

La primera mitad de la *Eneida* narra el viaje de Eneas a Italia. Él y un puñado de troyanos habían escapado de la destrucción de Troya y, ahora como refugiados, desembarcaron en Cartago, una ciudad gobernada por la reina Dido. No pasó mucho tiempo antes de que Eneas y Dido se enamoraran perdidamente, pero Eneas recordó su objetivo, fundar Roma, y supo que tenía que marcharse. Con el corazón roto, Dido se suicidó mientras veía cómo el barco de Eneas se alejaba en la distancia.

Tras un breve interludio en el inframundo, Eneas llegó finalmente a Italia. En la segunda mitad de la epopeya, los troyanos lucharon por el Lacio, la región donde finalmente se construiría Roma. ¿Y adivináis qué? Tuvieron éxito y Eneas llegó a conseguir una nueva y dulce esposa, la princesa latina Lavinia. Estos troyanos se convertirían en los primeros habitantes de Roma.

RÓMULO Y REMO

Así que tenemos al pueblo de Roma, pero la ciudad en sí tiene su propio mito fundacional. La historia comienza en Alba Longa, una ciudad que había fundado Ascanio, hijo de Eneas. Aquí nacieron los gemelos Rómulo y Remo, hijos del dios Marte y Rea Silvia, hija del rey depuesto Numitor.

El nuevo rey Amulio, hermano de Numitor, se sintió amenazado por estos bebés, pues podrían usurparle el trono, y ordenó que los ahogaran en el río Tíber. Sin embargo, los bebés flotaron alegremente hasta el lugar donde se construiría la futura Roma y fueron encontrados por una loba. Esta loba amamantó a los niños hasta que los descubrió y crio un pastor llamado Fáustulo.

Cuando los gemelos crecieron, se propusieron fundar su propia ciudad. Al no ponerse de acuerdo sobre dónde construirla, la hostilidad entre ellos creció hasta tal punto que, al final, Rómulo asesinó a Remo. Bueno, está claro que fue una forma de salirse con la suya.

Rómulo construyó su ciudad y le puso su nombre: Roma.

LAS *METAMORFOSIS*, DE OVIDIO

Las *Metamorfosis* constituyen un poema de Ovidio, contemporáneo de Virgilio. En una deliciosa mezcla de mito e historia, el autor narra una serie de relatos que abarcan desde el principio de los tiempos hasta la deificación de Julio César, asesinado el año anterior al nacimiento de Ovidio. Como sugiere el título, estas historias casi siempre tratan sobre la transformación de algo en otra cosa.

Un ejemplo es la historia de Aracne. Era una tejedora con talento que tuvo la confianza (o la imprudencia) suficiente como para desafiar a Minerva, diosa de la artesanía, a competir con ella. Minerva tejió un magnífico tapiz que mostraba escenas de dioses castigando a los mortales por su arrogancia. Pero el tapiz de Aracne, que representaba los crímenes de varios dioses contra los humanos, era algo completamente diferente. Minerva se enfureció de celos, rompió el trabajo de Aracne y golpeó a la joven con su huso. Aracne se sintió tan avergonzada que se ahorcó.

Minerva se compadeció de la joven y la transformó en una araña (de ahí el término «arácnido») colgada de un hilo en lugar de una soga, tejiendo sus sedosas telas para toda la eternidad.

CUPIDO Y PSIQUE

Esta historia aparece en la novela romana *El asno de oro*.

La joven Psique era tan hermosa que Venus enloqueció de celos. Envió a su hijo Cupido a dispararle una flecha a Psique, para que se enamorara de alguien de fea apariencia. Pero la jugada le salió mal, porque Cupido se enamoró de Psique, se casó con ella y se la llevó a su palacio.

El nuevo marido de Psique solo acudía a ella por la noche, para que su verdadera identidad se mantuviera en secreto. Pero a ella le pudo la curiosidad, así que, una noche, encendió una vela y contempló a su hermoso marido dormido. Cupido se despertó y se enfureció tanto que la abandonó y se marchó volando.

Psique buscó sin descanso a Cupido. En sus andanzas, completó cuatro tareas endiabladas que le había impuesto Venus, que despreciaba a su nuera. Finalmente, Júpiter le dijo a Venus que dejara de atormentarla, concedió la inmortalidad a Psique y organizó un banquete de boda. Cupido y Psique vivieron juntos en eterna felicidad.

Es agradable que haya un final feliz por una vez.

Norte de Europa

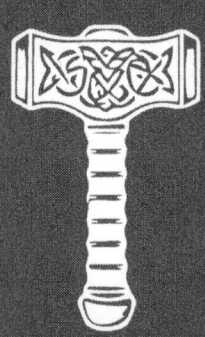

Ahora, desde Grecia y Roma nos dirigimos al norte, hacia los pueblos nórdicos de Escandinavia y los celtas de las islas británicas.

El pueblo nórdico habitó Escandinavia durante la Alta Edad Media. Esta época se conoció como la era vikinga por los marineros nórdicos (también conocidos como vikingos) que invadieron y saquearon partes de Europa en sus característicos barcos alargados entre los siglos VIII y XI. Al pueblo nórdico le gustaba contar historias, la música y beber, por lo que probablemente lo pasarías bien con ellos yendo de cervezas.

La mitología y la cultura nórdicas han despertado la imaginación de escritores y creadores a lo largo de los siglos. La serie de óperas en cuatro partes de Richard Wagner, *Der Ring des Nibelungen* (*El anillo del nibelungo*), se inspiró en gran medida en los mitos nórdicos y nos dio la imagen estereotipada de los cascos y cuernos (por desgracia, no hay pruebas de que los vikingos llevaran esos cascos). Iniciativas más recientes, como el superhéroe Thor de Marvel, la serie *Vikingos* y una buena dosis de videojuegos inspirados en este pueblo, demuestran que estas historias siguen cautivándonos hoy en día.

Los pueblos celtas de la Edad de Hierro británica tienen un fuerte legado en el Reino Unido e Irlanda: las lenguas galesa, córnica, gaélica escocesa e irlandesa, descendientes de la lengua celta original, se siguen hablando hoy en día. Se cree que la cultura celta se originó en Europa central en fecha tan temprana como el 1200 a. C., antes de extenderse por toda Europa occidental y llegar a las islas británicas.

Los romanos comenzaron su (segundo intento de) conquista de Gran Bretaña en el año 43 d. C., pero los celtas estaban dispuestos a luchar: Boudicca, de la tribu de los icenos, es un ejemplo muy conocido; y el muro de Adriano, que en el momento de máximo esplendor romano se extendía a lo largo de todo el país, se construyó para mantener a raya a los celtas escoceses. Fieles a su costumbre, los romanos identificaron a muchas deidades celtas con dioses de su propio panteón.

Hoy en día, los pueblos celtas son conocidos por sus historias y su folclore, así como por los intrincados y entrelazados motivos de su arte. Muchas criaturas míticas y personajes de cuentos de hadas tienen su origen en los mitos y el folclore celtas, como las propias hadas, las sirenas, los duendes y los leprechaun.

MITOLOGÍA NÓRDICA

La mitología nórdica se desarrolló a partir de la antigua religión nórdica (una forma de paganismo). Se transmitía tradicionalmente de forma oral y la mayoría de las fuentes que tenemos no se escribieron hasta después de la cristianización de Escandinavia, entre los siglos VIII y XII. Eso significa que no podemos estar seguros de su autenticidad, sobre todo porque muestran algunos indicios de alteraciones cristianas. ¡Pero son lo mejor que tenemos!

Las dos fuentes más detalladas son la *Edda* prosaica y la *Edda* poética. La primera la escribió a principios del siglo XIII el poeta islandés Snorri Sturluson y la segunda es una colección de poemas cuyo título, autor y fecha se desconocen. Juntas, narran la creación (y eventual destrucción) del mundo y las hazañas de los dioses.

Aquí aparecen famosos personajes nórdicos —Thor, Odín y Loki—, así como muchos otros personajes pintorescos. A lo largo de la historia, Thor se convertirá en una novia ruborizada y Loki en un peluquero cuestionable, y habrá un desafortunado incidente relacionado con el muérdago. Cosas, todas ellas, con las que es fácil identificarse.

LOS NUEVE REINOS

Todo comenzó con el gigante Ymir. Este tuvo un hijo, Buri, que a su vez tuvo un vástago llamado Bor, que se casó con la giganta Bestla. La pareja tuvo tres robustos hijos: Ve, Vili y Odín.

A Odín y a sus hermanos no les gustaba mucho Ymir. Lo mataron y construyeron el universo a partir de su cadáver. Las tierras se crearon a partir de la carne, los océanos a partir de su sangre, las colinas a partir de sus huesos y los árboles a partir de su cabello. El colosal cráneo abovedado de Ymir se convirtió en el cielo. Los dioses crearon un reino fértil, Midgard (la Tierra), a partir de las cejas. Para habitar este reino, crearon al primer hombre y a la primera mujer, Ask y Embla, a partir de dos árboles caídos.

Los dioses se dividieron en dos grupos: los aesir, los dioses del cielo que vivían en Asgard (al que se podía llegar a través del puente arcoíris Bifröst), y los vanir, los dioses de la tierra que vivían en Vanaheim (no confunda el lector el nombre con el de la ciudad californiana de Anaheim). Asgard, Vanaheim y Midgard eran tres de los nueve reinos conectados por el gran árbol del mundo: Yggdrasil. Odín tomó el trono de Asgard y presidió los nueve reinos.

EL PANTEÓN NÓRDICO

Así que ya conocemos a Odín. Es el rey tuerto y armado con un bastón de los aesir, quien, a través de su nombre germánico —Wodan— da nombre al día miércoles en inglés: *Wednesday*. Está casado con Frigg, o Frigga, que da nombre al viernes en inglés: *Friday*.

El hijo más famoso de Odín es Thor. Este dios del trueno, pelirrojo y barbudo, empuña el poderoso martillo mjölnir y da nombre al jueves en inglés: *Thursday*. Thor era muy popular entre los nórdicos y sigue siéndolo hoy en día, gracias en parte a algunos cómics y películas muy conocidos.

Entre los hijos de Odín y Frigg se encuentran Baldr, el más bello y querido de los dioses; Tyr, el dios de la guerra que da nombre al martes en inglés (*Tuesday*); y Heimdall, el guardián de los dioses que puede verlo y oírlo todo.

Los vanir están liderados por Freyr y Freyja, una pareja de nombres confusos, hermanos y marido y mujer, padre del cielo y madre de la tierra.

Y luego está Loki. Nadie parece saber muy bien cómo encaja, lo cual dice mucho, ya que es un dios tramposo que cambia de forma. Algunas fuentes lo sitúan como un gigante o como hermano adoptivo de Odín. La verdad es que es imposible definirlo a ciencia cierta.

LOKI Y LOS TESOROS PARA LOS DIOSES

Una mañana, la esposa de Thor, Sif, descubrió horrorizada que su brillante cabello dorado había desaparecido. Resultó que Loki le había afeitado la cabeza a modo de broma, pero prometió arreglar el desaguisado.

Loki les pidió a los hijos enanos de Ivaldi que fabricaran tres tesoros para los dioses, entre ellos una peluca de cabello dorado. Pero otros dos enanos, Brock y Eitri, apostaron que podían hacer unos regalos mejores. Loki se burló y dijo que, si ganaban, podrían cortarle la cabeza.

Llegó el momento de que los enanos presentaran los regalos. Para Sif, los hijos de Ivaldi habían fabricado una peluca de brillante cabello dorado. Para Odín, una lanza que nunca fallaría el objetivo. Y para Freyr, un enorme barco que se podía plegar y guardar en el bolsillo.

Luego fue el turno de Brock y Eitri. Para Freyr, hicieron un jabalí dorado para tirar de su carro. Para Odín, un anillo de oro que se multiplicaba cada noche. Y para Thor, el poderoso martillo mjölnir. Todos estaban emocionados y declararon ganadores a Brock y Eitri. Loki se acabó librando de la decapitación por un pequeño tecnicismo. ¡Sonrisas por todas partes!

LA BODA DE THOR

«¿Dónde está mi mjölnir?», rugió Thor. Su querido martillo había desaparecido, así que le pidió ayuda a Loki para encontrarlo. Este finalmente lo localizó en la casa del gigante Thrym. Pero había un problema: Thrym solo se lo devolvería a cambio de la mano de Freyja.

«Ni hablar», dijo Freyja, así que Heimdall ideó un astuto plan. Vestirían a Thor de novia, con un hermoso vestido y un espeso velo. Tampoco es que Thrym fuera muy inteligente; probablemente no notaría la diferencia.

En el banquete de boda, Thor (alias la señora Thrym) comió y comió y comió.

Thrym frunció el ceño. Nunca había conocido a una mujer con un apetito tan voraz. Su dama de honor le aseguró a Thrym que «Freyja» estaba tan emocionada por la boda que llevaba días sin comer. A Thrym le cuadró.

Thrym ordenó colocar el martillo mjölnir en el regazo de la novia para bendecir el matrimonio. Thor agarró el martillo, se arrancó el velo y se convirtió en una novia furiosa: mató a Thrym y a todos los demás gigantes. Las bodas son lo más.

BRYNHILDR Y SIGURD

Brynhildr era una valquiria, miembro de un grupo de guerreras del reino de Asgard. Había desagradado a Odín y fue condenada a un sueño eterno rodeada por un anillo de fuego. ¡Pero no resultó ser para tanto! El noble héroe Sigurd acudió al rescate de la valquiria, atravesando las llamas y despertándola con un beso. Le prometió casarse con ella. Pero, antes de tener la oportunidad, Sigurd fue envenenado con una poción que le hizo olvidar a la pobre Brynhildr. En su lugar, se casó con una princesa llamada Gudrun.

El hermano de Gudrun, Gunnar, estaba enamorado de Brynhildr, pero era demasiado cobarde para saltar a través del anillo de fuego. Sigurd se compadeció de Gunnar, así que asumió la forma de Gunnar y saltó a través de las llamas. Brynhildr y «Gunnar» se casaron. Después, Sigurd volvió a tomar su propia forma e intercambió su lugar con el verdadero Gunnar.

Gudrun finalmente le reveló a Brynhildr que había sido Sigurd quien la había rescatado. Brynhildr se sintió traicionada y humillada, y convenció a Gunnar para que asesinara a Sigurd. Pero, al ver a este último muerto, Brynhildr se sintió tan abrumada por el dolor y el amor que se arrojó a su pira funeraria para morir junto a él.

BALDR

Baldr, el hijo de Odín y Frigg, era el más querido de todos los dioses. Todo el mundo lo amaba. Excepto... (redoble de tambores, por favor) ¡Loki! Este juró encontrar la debilidad de Baldr.

Pero Baldr era prácticamente invencible porque Frigg había hecho jurar a todos los objetos que nunca harían daño a su hijo. Los demás dioses, sabiendo que Baldr era inmune al daño, se entretenían utilizándolo como blanco para practicar tiro.

Pero Loki engañó a Frigg para que le revelara la única debilidad del susodicho: el muérdago. Riendo para sus adentros, Loki fabricó un dardo con muérdago y se lo entregó a Hodr, el hermano ciego de Baldr. Hodr, que no sospechaba nada y quería unirse al juego, se lo lanzó a su hermano. Y Baldr cayó muerto.

Devastada, Frigg envió a su hijo Hermod al inframundo (Hel) para convencer a la diosa que lo gobernaba (también llamada Hel) de que resucitara a Baldr. Hel accedió, pero solo si todos los vivos lloraban por él. Baldr era tan querido que todos lloraron, todos excepto una giganta: Thökk.

Y, así, Baldr pasó la eternidad en Hel. ¿O no?

RAGNARÖK

El Ragnarök es el apocalipsis nórdico: la muerte de los aesir y la destrucción del mundo. ¿Y lo mejor de todo? Aún no ha sucedido, así que tenemos todo esto por delante, amigos.

La primera señal de que se acerca el Ragnarök serán tres años consecutivos de invierno. Esto traerá consigo duras penurias y pronto estaremos tan hambrientos que empezaremos a matarnos unos a otros: padres contra hijos, hermanas contra hermanas, amigos contra amigos.

Tres gallos cantarán y despertarán a los gigantes, a los dioses y a los muertos del Hel. El árbol del mundo, Yggdrasil, se estremecerá y se retorcerá. El lobo gigante Fenrir se liberará de sus cadenas y devorará todo a su paso. Los dioses lucharán contra las fuerzas de la destrucción, pero están condenados a morir y, así, el mundo será consumido por los océanos.

Pero no todo está perdido. Algunos dicen que un nuevo mundo surgirá del mar y será gobernado por los pocos dioses supervivientes, entre ellos, nuestro viejo amigo Baldr.

Es una pena que para entonces todos estemos muertos.

MITOLOGÍA CELTA

La mitología celta tiene su origen en la antigua religión celta (a veces llamada paganismo celta) y es rica en dioses y reyes, criaturas y seres, y un salmón muy especial.

Esta mitología cuenta con varios subgrupos mayormente distintos, aunque comparten algunos elementos. El dios Lugh, por ejemplo, aparece en muchas mitologías celtas diferentes. Algunos de estos subgrupos son la mitología irlandesa, escocesa, galesa y la de Cornualles.

Muchas de las historias que aquí se presentan proceden de la mitología irlandesa, que está relativamente bien documentada. Los escritos que se conservan se han dividido en cuatro colecciones o ciclos: el ciclo mitológico, que relata historias del panteón llamado tuatha dé danann; el ciclo del Ulster, que presenta a héroes como Cú Chulainn; el ciclo feniano, protagonizado por el héroe Fionn mac Cumhaill y sus guerreros, los fianna; y el ciclo histórico, que narra historias de los reyes legendarios de Irlanda.

Y también hay un desventurado príncipe galés, por si fuera poco.

LOS TUATHA DÉ DANANN

Un panteón irlandés es el conformado por los tuatha dé danann, una raza sobrenatural que a menudo se considera que representa a los dioses. Entre sus miembros más importantes se encuentran el paternal Dagda; la reina de la fatalidad, Morrigan; el dios de la guerra, Lugh; y la diosa de la sabiduría y la curación, Brigid. Y todos ellos eran muy buenos peleando.

- **Ronda 1. La primera batalla de Mag Tuired**. Los tuatha dé danann invadieron las tierras de Irlanda, derrocaron al pueblo fir bolg, que vivía allí, y se establecieron como gobernantes.

- **Ronda 2. La segunda batalla de Mag Tuired**. Los tuatha dé danann lucharon para liberarse de la opresión de sus acérrimos rivales, los fomorianos.

- **Ronda 3. La batalla con los milesios**. Los tuatha dé danann lucharon contra nuevos invasores, los milesios de Iberia. Finalmente, se llegó a un acuerdo: los milesios ocuparían la tierra sobre el suelo y los tuatha dé danann vivirían en el otro mundo, el reino de los dioses y los muertos. Y así, los milesios se convirtieron en el pueblo irlandés.

EL ARPA DE DAGDA

Dagda poseía una hermosa arpa. Producía una música tan divina que podía influir en las emociones e incluso cambiar las estaciones. Durante la batalla de los tuatha dé danann contra los fomorianos, el arpa de Dagda animó a los guerreros y alivió a los heridos. A los fomorianos esto les molestó bastante, así que, mientras Dagda estaba luchando, se colaron en su casa y le robaron el arpa.

Los ladrones huyeron a un castillo abandonado, donde permanecieron hasta que los fomorianos fueron derrotados y Dagda se dio cuenta de que su arpa había desaparecido. Marchó hacia el castillo y vio su amada arpa colgada en la pared. Extendió la mano y el arpa voló a través de la habitación hacia él.

Pero el alboroto despertó a los ladrones, que empuñaron las armas. Rápidamente, Dagda tocó tres canciones: una de alegría, que hizo que los hombres soltaran sus armas y se rieran; otra de tristeza, que los hizo llorar desconsoladamente; y otra de sueño, que los sumió en un profundo letargo.

Y así, Dagda recuperó su arpa.

CRIATURAS CELTAS

Las diferentes mitologías celtas nos han proporcionado toda una serie de criaturas y seres míticos. A continuación, presentamos algunos de ellos.

LEPRECHAUN	Estos pequeños seres barbudos y traviesos tienen su origen en la mitología irlandesa, pero no cobraron importancia hasta el folclore posterior.
PIXIE	Otro tipo de seres pequeños, infantiles y traviesos, los pixies están asociados a la mitología de Cornualles.
CHANGELING	Un changeling es un tipo de hada que ocupa el lugar de un niño humano que ha sido robado por las hadas.
SIRENA	Las sirenas de los mitos y el folclore británicos solían traer mala suerte y desastres, pues atraían a los hombres hacia la muerte.
KELPIE	Los kelpies son espíritus acuáticos de Escocia que pueden cambiar de forma y parecerse a un caballo o a una mujer. ¡Algunos piensan que el monstruo del lago Ness es un kelpie!
SELKIE	Otro ser acuático capaz de cambiar de forma. Puede ser una foca y, despojándose de su piel, convertirse en humano.
BANSHEE	Procedente del folclore irlandés, este aterrador espíritu femenino anuncia una muerte inminente... gritando a pleno pulmón.
DULLAHAN	El dullahan irlandés es un jinete sin cabeza que monta un caballo negro. Cada vez que se detiene, alguien va a morir.

LOS HIJOS DE LIR

Se cree que esta trágica historia inspiró el ballet *El lago de los cisnes*.

Lir y Aoibh vivían con su hija y sus tres hijos. Cuando Aoibh falleció trágicamente, Lir se casó con Aoife, la hermana de la finada, y durante un tiempo todo parecía ir bien. Pero Aoife estaba celosa de los hijos de su hermana fallecida. Los llevó a un lago con la intención de matarlos, pero no se atrevió a hacerlo, así que los transformó en cuatro cisnes blancos. El hechizo duraría novecientos años, pero los niños conservaron su voz.

Cuando sus hijos no regresaron, Lir, presa del pánico, viajó al lago. Allí descubrió a los cuatro cisnes, que le contaron la traición de Aoife. Lir no podía hacer nada más que esperar junto al lago, escuchando el canto triste de sus hijos.

Por fin, pasaron los nueve siglos. Lir llevaba mucho tiempo muerto. Una niebla envolvió a los cisnes y estos se transformaron de nuevo en humanos. Pero el tiempo había hecho mella en ellos. Los niños envejecieron y perecieron.

CÚ CHULAINN

Cú Chulainn, héroe de Ulster, era hijo y encarnación de Lugh, el dios de la guerra. Un día, Ulster fue atacado por la reina Mebh de Connaught. Desgraciadamente, todos los guerreros de Ulster habían sido maldecidos y sufrieron dolores de parto (un rollo, ¿verdad, chicos?). Todos, excepto Cú Chulainn.

Así que, a la avanzada edad de 17 años, Cú Chulainn se enfrentó solo a los hombres de Connaught. Luchó con valentía, pero tras un combate resultó gravemente herido. Mientras se recuperaba convaleciente, el cuerpo de jóvenes de Ulster luchó en su lugar y fue masacrado. Por suerte, Cú Chulainn tenía un ingenioso truco llamado *ríastrad* (podría traducirse algo así como «espasmo de deformación») que lo convertía en un monstruo destructivo. Así vengó al cuerpo de jóvenes.

El clímax de la guerra fue la batalla entre Cú Chulainn y su amigo Ferdiad. Cú Chulainn le rogó a su amigo que se retirara, pero aquel se negó, por lo que se vio obligado a luchar y matarlo. Finalmente, los hombres de Ulster se recuperaron y, liderados por Cú Chulainn, derrotaron a los hombres de Connaught. Lo mejor es no meterse con este tipo.

EL SALMÓN DEL CONOCIMIENTO

Este cuento, de título exquisito, está protagonizado por el héroe guerrero Fionn mac Cumhaill, cuyo nombre a menudo aparece en otra versión adaptada: Finn McCool.

Cuando Fionn era solo un muchacho, se fue a vivir con el poeta Finegas. Finegas había pasado siete años tratando de pescar el salmón del conocimiento, que otorgaría todo el conocimiento del mundo al primero que probase su carne. Poco después de la llegada de Fionn, Finegas por fin lo pescó.

El poeta le pidió a Fionn que lo cocinara, advirtiéndole que no tomara ni un solo bocado. Fionn obedeció, pero, mientras daba la vuelta al pescado, se quemó el pulgar e instintivamente comenzó a chupárselo. Una sola gota de grasa del salmón provocó que todo el conocimiento del salmón corriera ahora por sus venas. Finegas no pudo hacer nada más que dejar que el chico se comiera el resto.

A partir de entonces, Fionn podía recurrir a la sabiduría del salmón con solo chuparse el dedo y este poder le ayudó a convertirse en el líder de los poderosos fianna. Lo tenía chupado.

PWYLL Y RHIANNON

El príncipe Pwyll proviene de la mitología galesa, por si aún no lo habías adivinado por la ausencia de vocales del nombre.

A Pwyll le iban muy bien las cosas: una mujer increíblemente hermosa, Rhiannon, le había pedido que se casara con ella. Solo había un problema: ella ya estaba comprometida con un hombre odioso llamado Gwawl. Pero, aun así, se casaron.

En el banquete de boda, un tipo le pidió un favor a Pwyll. Este, en una decisión cuestionable, dijo «Claro, lo que tú quieras», momento en el que el tipo reveló ser Gwawl y le exigió a Rhiannon. El novio no tuvo más remedio que aceptar.

Rhiannon se enfadó mucho, pero ideó un plan. En la fiesta de bodas de ella y Gwawl, Pwyll le pidió a Gwawl que le llenara una bolsa con comida. Pero, por mucha comida que metiera en la bolsa, nunca se acababa llenando. Pwyll explicó que la bolsa solo se podía llenar si un noble se metía dentro. Gwawl saltó directamente a la bolsa y Rhiannon y Pwyll lo atraparon dentro, cómo no.

Asia meridional y oriental

La mitología hindú de la religión hinduista, la mitología de la China antigua e imperial y la mitología japonesa de las tradiciones sintoísta y budista son una tríada tan diversa como apasionante.

El hinduismo tiene su origen en el subcontinente indio y es tanto un *dharma* (una forma de vida, un sistema de moralidad) como una religión. No tiene un único fundador, sino que es una colección o síntesis de muchas creencias y prácticas diferentes. Los dioses hindúes, como Vishnu, de cuatro brazos, o Krishna, de piel azul, nos resultarán familiares, al igual que determinados conceptos y creencias hindúes, como el karma (el principio de causa y efecto).

Se cree que la primera dinastía de la antigua China fue la dinastía Xia, que se desarrolló aproximadamente entre los años 2070 y 1600 a. C. en el valle del río Amarillo. A esta le siguió la dinastía Shang (entre los años 1600 y 1046 a. C. aproximadamente), que produjo los registros escritos chinos más antiguos que se conservan: unos huesos oraculares inscritos. La China imperial dio comienzo en el año 221 a. C., cuando Qin Shi Huang unificó China y se proclamó emperador. Las sucesivas dinastías mantuvieron el sistema imperial hasta 1912.

La cultura china es una de las más antiguas del mundo y es distintiva e influyente en innumerables ámbitos, como las artes, la cerámica, la arquitectura, la gastronomía, las artes marciales, la música, el teatro y la filosofía. Las fiestas y tradiciones chinas también son reconocibles en todo el mundo: pirotecnia, farolillos y dragones danzantes.

Los reinos y tribus de Japón se unificaron entre los siglos IV y IX, pero, tradicionalmente, el primer emperador de Japón se considera de una época muy anterior: se dice que el legendario emperador Jimmu gobernó desde el año 660 a. C. Ciento veinticinco emperadores después, la Casa Imperial de Japón sigue gozando de buena salud.

La cultura japonesa ha tenido un profundo impacto en el mundo occidental. El kimono, los samuráis, el sumo y los ninjas son aspectos de la cultura japonesa que se reconocen al instante. También debemos agradecer a la Tierra del Sol Naciente el sushi, el origami, el anime, los Pokémon y todo lo *kawaii*, como Hello Kitty. La mitología de Japón es solo un aspecto de la rica cultura y el legado del país.

MITOLOGÍA HINDÚ

El hinduismo es la religión más antigua que aún se practica en el mundo, con algunas tradiciones que se remontan al año 2000 a. C. o incluso antes. Hoy en día, cuenta con más de 1200 millones de seguidores, con una gran variedad de creencias, filosofías, tradiciones, prácticas y rituales. El corpus mitológico es igualmente enorme e incluye numerosos textos, como los Vedas, los Puranas y las epopeyas *Mahabharata* y *Ramayana*, todos ellos escritos en sánscrito, la lengua sagrada del hinduismo. Lo que aquí se ofrece es solo una instantánea de todo un panorama mucho más complejo.

Con una historia tan larga y variada que continúa hasta nuestros días, no es de extrañar que estos mitos sean a menudo más heterogéneos de lo que parecen en otras tradiciones, con muchas variaciones regionales y temporales. Los dioses cambian de nombre e incluso de funciones dependiendo de cuándo y dónde se encuentre uno. Esta compleja red puede parecer confusa si no estás familiarizado con esta mitología, pero estas historias y personajes están llenas de energía, son emocionantes y cuentan ricos relatos de dioses y héroes, amor y guerra. Por lo tanto, vale la pena sumergirse de cabeza en ella.

LOS TRIMURTI

Para muchos, las deidades del hinduismo se consideran diferentes aspectos de Brahman. Este es el núcleo espiritual del universo; no es tanto un dios como la esencia de la realidad misma. Brahman también se personifica en tres dioses: los Trimurti.

- **Brahma** (sin la «n») es el creador. A menudo se le representa con la piel roja, cuatro brazos y cuatro cabezas. Fue el responsable de la creación del universo.

- **Vishnu** es el preservador. Protege toda la vida del universo, a menudo adoptando diferentes encarnaciones, llamadas avatares. Sus diez avatares principales se denominan Dashavatara e incluyen a Matsya, el pez; Narasimha, el hombre-león; Krishna y Rama (a quienes conoceremos en breve); y a Buda.

- **Shiva** es el destructor. Su función es destruir el universo. Pero no te asustes: todo esto es para que pueda renacer y mejorar. Shiva es también el dios del yoga, así que dale las gracias la próxima vez que hagas la postura del perro boca abajo.

DIOSES DE LA MITOLOGÍA HINDÚ

Aquí tienes un conjunto básico de dioses y diosas hindúes para que te hagas una idea.

Hay muchos más, pero para empezar son más que suficientes.

INDRA	Indra es el rey de los dioses y del cielo, y dios del trueno, las tormentas, la lluvia y la guerra.
MAHADEVI	También llamada Devi o Shakti, Mahadevi es la diosa madre suprema. Algunos creen que se manifiesta a través de las diosas Saraswati, Lakshmi y Parvati.
GANESHA	Este dios de múltiples brazos y cabeza de elefante es el patrón de la sabiduría y el intelecto, las artes y las ciencias, así como de los nuevos comienzos.
SARASWATI	El conocimiento, la música, el arte y el aprendizaje son los dominios de Saraswati. Es la esposa de Brahma.
LAKSHMI	Lakshmi es la diosa de la fortuna, la fertilidad y la prosperidad, además de la consorte de Vishnu.
PARVATI	Parvati es la patrona del amor, la belleza y el matrimonio. Está casada con Shiva. Ella, Saraswati y Lakshmi (las esposas de Brahma y Vishnu) forman la trinidad de diosas hindúes llamada Tridevi.

EL NACIMIENTO DE KRISHNA

Los Puranas son un género muy extenso de la literatura india que narra historias de dioses y héroes. Uno de los más famosos es el *Bhagavata purana*, que cuenta historias sobre el nacimiento y la infancia de Krishna, uno de los avatares de Vishnu.

Los padres de Krishna eran Vasudeva y Devaki, de la ciudad de Mathura. Devaki era la hermana del rey de Mathura: Kamsa. Este era un tirano paranoico que había oído una profecía según la cual sería asesinado por el hijo de Devaki. Así que, sin contemplaciones, encarceló a su hermana y a su cuñado.

Allí, Vasudeva y Devaki tuvieron varios hijos (la cárcel es aburrida, amigos), pero todos fueron asesinados por Kamsa. Sin embargo, tras el nacimiento de su octavo hijo, Vasudeva y Devaki se sorprendieron al descubrir que las puertas de su celda se habían abierto milagrosamente. Guiado por una voz divina, Vasudeva sacó a su hijo recién nacido de Mathura y lo llevó a través del río Yamuna hasta su amigo Nanda.

Nanda y su esposa, Yashoda, criaron al bebé como si fuera suyo, para que Kamsa nunca lo encontrara. Este niño creció y se convirtió en Krishna.

EL *MAHABHARATA*

El *Mahabharata*, una de las dos epopeyas sánscritas fundamentales de la mitología hindú, es el poema épico más largo jamás escrito, aproximadamente diez veces más largo que la *Ilíada* y la *Odisea* de Homero juntas. Por lo tanto, resumirlo no es tarea fácil. Pero aquí va.

La epopeya narra la lucha por el trono de Hastinapur entre dos grupos de primos: los príncipes kaurava y los príncipes pandava. Los kaurava eran la rama más antigua de la familia, pero el mayor de los pandava era mayor que el de más edad de los kaurava. Así que se desató la guerra.

En un episodio, los kaurava construyeron un palacio para los pandava y luego le prendieron fuego. Pero estos últimos escaparon a través de un túnel secreto. Más tarde, Duryodhana y Yudhishthira, el mayor de los kaurava y el mayor de los pandava, respectivamente, compitieron en un juego de dados. Pero los dados estaban trucados a favor de Duryodhana y Yudhishthira perdió toda su riqueza y reino. Los pandava tuvieron que partir al exilio durante trece años, luego regresaron para luchar en la guerra de Kurukshetra, de la que finalmente salieron victoriosos.

La narración de la epopeya se ve interrumpida por discursos filosóficos y otros relatos. Como por ejemplo...

SHAKUNTALA

El nuevo marido de Shakuntala, Dushyanta, rey de Hastinapur, era tan guapo que ella se pasaba todo el tiempo soñando despierta con él. Cuando el sabio Durvasa la visitó, Shakuntala, distraída, se olvidó de ofrecerle hospitalidad. Durvasa se enfureció y la maldijo haciendo que quienquiera que fuera con quien ella soñaba se olvidaría por completo de ella.

Pero cuando Durvasa se enteró de que Shakuntala tan solo estaba enamorada, suavizó la maldición, de modo que Dushyanta recordaría a Shakuntala si se le mostraba una prueba de su amor. Shakuntala miró el anillo real que Dushyanta le había regalado. Seguramente eso bastaría, ¿no? Así que se dispuso a buscarlo en su corte real.

De camino a Dushyanta, a Shakuntala se le cayó el anillo en un río. Cuando llegó a la corte, su amado Dushyanta no la reconoció. Con el corazón roto, huyó al bosque.

Mientras tanto, un pescador se sorprendió, como es comprensible, al encontrar un anillo real en el vientre de un pez. Se lo llevó a Dushyanta, quien inmediatamente recordó a Shakuntala. Fue así que la maldición se rompió. Dushyanta corrió al bosque y el marido y la mujer se reencontraron.

EL *RAMAYANA*

El *Ramayana*, la otra gran epopeya sánscrita, cuenta la historia del príncipe Rama, otro avatar de Vishnu.

Rama era el heredero al trono de Ayodhya, pero, debido a una disputa por la sucesión (siempre lo mismo, ¿no?), fue exiliado junto con su esposa Sita y su hermano Lakshmana. Durante el exilio, a Sita la secuestró el demonio Ravana, que estaba empeñado en destruir a Rama. Ravana le propuso matrimonio a Sita, pero ella se negó, de modo que eligió permanecer leal a Rama.

Mientras tanto, el dios mono Hanuman se ofreció a ayudar a Rama a buscar a Sita.

Finalmente la encontró sufriendo el acoso de Ravana y sus compañeros. Hanuman le mostró a Sita el anillo de Rama y se ofreció a llevarla con su marido. ¡Genial! Pero Sita se negó, diciendo que lo correcto era que Rama fuera quien la rescatara.

Rama, Lakshmana y Hanuman se prepararon para la batalla contra Ravana. Tras una guerra encarnizada, Rama derrotó a Ravana y se reunió con Sita. Regresaron a Ayodhya, donde Rama ocupó el lugar que le correspondía en el trono. Este regreso a casa se celebra en el festival de Diwali.

DURGA

El demonio búfalo Mahishasura se paseaba como si fuera invencible. Torturaba a personas inocentes y libraba guerras contra los dioses. Se decía que solo podía ser asesinado por una mujer. Eso lo hacía inmortal, ¿o no? Porque ninguna mujer podría ser lo suficientemente fuerte como para derrotarlo.

Qué equivocado estaba...

Los dioses estaban aterrorizados por el comportamiento de Mahishasura, por lo que los Trimurti combinaron todos sus poderes y crearon una despiadada diosa guerrera. Tenía muchas manos, cada una para usar un arma mortal, y montaba un león colosal. Se trataba de Durga.

La batalla entre Durga y Mahishasura fue violenta y confusa. Mahishasura liberó a cientos de demonios, pero Durga los mató a todos. También intentó cambiar de forma para confundir a la diosa: primero se convirtió en león, luego en hombre, luego en elefante, pero con un poco de lazo por aquí, un poco de decapitación por allá, Durga siempre iba un paso por delante. Finalmente, con Mahishasura convertido una vez más en búfalo, Durga lo atravesó con su tridente y lo decapitó. Así que no te metas con esta diosa.

MITOLOGÍA CHINA

La mitología y el folclore chinos son aspectos fundamentales de la religión popular de la región y abarca una serie de tradiciones y prácticas del pueblo chino han (el grupo étnico más grande del mundo, que representa alrededor del 18 % de la población mundial). Debido al tamaño de China y a su larga historia, existe una gran variedad de personajes y temas diferentes en esta mitología.

Los mitos chinos tratan sobre la creación del mundo y los orígenes de las tradiciones y costumbres de su cultura. Muchos de ellos tienen como protagonista al emperador de Jade, que gobierna el cielo y mantiene todo en la tierra en perfecto funcionamiento. Estos relatos se han transmitido oralmente y se han escrito en forma de poemas o narraciones, como *Viaje al oeste*, una novela del siglo XVI que cuenta la historia de Sun Wukong.

En las siguientes páginas presentamos las historias del origen de varios festivales chinos, así como el horóscopo chino, una serpenteante historia de amor y un caótico y distraído rey mono.

PANGU

Al principio, no había más que un caos arremolinado. Este caos tomó forma y dio origen a un gigantesco huevo cósmico, en cuyo interior luchaban las fuerzas opuestas del yin y el yang. Finalmente, encontraron el equilibrio y la unión, y de esta unión se formó Pangu.

Pangu tenía dos cuernos y dos colmillos, y estaba completamente cubierto de pelo. Con su gran hacha, rompió el huevo y emergió. El yin y el yang se liberaron y formaron la tierra y el cielo. Situado entre ellos, Pangu levantó el cielo de la tierra, elevándolo cada día hasta que alcanzó su posición actual. Agotado por la tarea, Pangu se tumbó y murió.

Su último aliento se convirtió en las nubes, su columna vertebral en las montañas, sus ojos en el sol y la luna, su carne en la tierra, sus huesos en las rocas y los minerales, y su sangre en los ríos. Sus miembros se convirtieron en los cuatro pilares que sostienen el cielo.

La raza humana evolucionó a partir de las pulgas que vagaban por el cuerpo de Pangu. Si lo piensas bien, todo cobra mucho más sentido.

CHANG'E

La historia de la diosa de la luna Chang'e tiene muchas versiones. Aquí exponemos una.

Una mañana, todos se sorprendieron al descubrir que, en lugar del sol habitual, en el cielo habían aparecido diez soles. Esto causó una destrucción generalizada y algunas quemaduras desagradables, por lo que todo el mundo estaba bastante enfadado.

Afortunadamente, el hábil arquero Hou Yi logró hacer desaparecer nueve de los soles, hasta que solo quedó uno. Por este acto heroico, se le concedió el elixir de la inmortalidad, fue coronado rey y se

le alabó como a un salvador. Pero la fama se le subió a la cabeza y Hou Yi se convirtió en un tirano ávido de poder. Su esposa, Chang'e, sabía que, si su marido se bebía el elixir de la inmortalidad, el pueblo nunca se liberaría de la opresión. Así que ella se lo bebió primero.

Ahora inmortal, Chang'e no podía permanecer en la tierra, por lo que se alejó hacia la luna. Furioso, Hou Yi la persiguió, tratando de abatirla, pero ella lo evadió. Y ahora permanece en la luna. En el Festival del Medio Otoño, la gente deja regalos para agradecerle a Chang'e lo que hizo.

SUN WUKONG, EL REY MONO

El rey mono Sun Wukong anhelaba ser inmortal. Así que aprendió a serlo de un artista marcial. Luego, se libró de su propia muerte borrando su nombre del Libro de la Vida y la Muerte. El emperador de Jade no estaba muy contento, por lo que decidió que la mejor manera de controlar a Sun Wukong era darle un trabajo en el cielo. Pero Sun Wukong pensó que era demasiado bueno para su nuevo trabajo, así que no tardó ni cinco segundos en esfumarse.

En ese momento, Sun Wukong comenzó a llamarse a sí mismo «gran sabio igual al cielo», lo que no le sentó nada nada nada bien al emperador de Jade. Este intentó arrestarlo, pero fracasó, así que lo puso a custodiar los melocotones de la inmortalidad. Sun Wukong (oh, sorpresa) se comió todos los melocotones, una píldora de la inmortalidad y una gran cantidad de vino, por lo que ahora era cuádruplemente inmortal, además de un borracho. Él solo destruyó todo el ejército del cielo, sin sudar ni una gota.

Al final, el emperador de Jade convocó a Buda, quien encarceló a Sun Wukong bajo una montaña durante quinientos años.

LA LEYENDA DE LA SERPIENTE BLANCA

Bai Suzhen era una serpiente blanca que vivía en un lago. Un día, se transformó en una hermosa joven. Conoció a un joven llamado Xu Xian en el puente del lago, justo cuando empezaba a llover. Este le ofreció su paraguas a Bai Suzhen, lo que dio lugar a un hermoso romance. Con el tiempo se casaron.

Pero el monje Fahai sabía que Bai Suzhen era en realidad una serpiente e instó a Xu Xian a que le diera a Bai Suzhen vino de rejalgar, que contenía arsénico y la obligaría a revelar su verdadera identidad. Xu Xian amaba a su esposa, pero las palabras de Fahai le preocupaban. Así que le dio el vino a Bai Suzhen. Ella se transformó instantáneamente en una serpiente blanca y Xu Xian cayó muerto por la conmoción.

Pero Bai Suzhen no renunció a su amor. Sabía de una poderosa hierba que podía revivir a los muertos. Encontró la hierba, regresó a casa y se la dio a Xu Xian. Él volvió a la vida al instante y abrazó a Bai Suzhen. Serpiente o no, ella era su esposa y él la amaba. ¡Una pareja ideal!

EL AÑO NUEVO CHINO

El Nian era una bestia aterradora y devoradora de hombres, con cabeza de león y dientes afilados como cuchillas. Cada Año Nuevo, el Nian arrasaba una aldea, destruyendo a todos y todo lo que encontraba a su paso.

Pero los aldeanos no se rindieron tan fácilmente. Con el tiempo, observaron que el Nian le tenía miedo a tres cosas: el fuego, los ruidos fuertes y el color rojo. Así que idearon un plan. En la víspera de Año Nuevo, los aldeanos decoraron las ventanas y puertas de su casa con adornos rojos, se vistieron con túnicas rojas y colgaron linternas rojas por toda la aldea. Y esperaron.

Pronto oyeron el poderoso rugido del Nian. Entonces, los aldeanos comenzaron a hacer todo el ruido que pudieron, con tambores, gongs y sus propias voces. Encendieron petardos y fuegos artificiales. La aldea se inundó de luz resplandeciente y se vio envuelta en una terrible cacofonía.

El Nian gimió, retrocedió y huyó asustado. El pueblo se salvó. Así nacieron las tradiciones de vestirse de rojo, encender linternas y lanzar fuegos artificiales en el Año Nuevo chino.

EL HORÓSCOPO CHINO

Necesitado de una forma de dividir el tiempo, el emperador de Jade decretó que los primeros doce animales que cruzaran el río de su territorio obtendrían un lugar en el calendario.

La rata, astuta, le pidió al bondadoso buey que la llevara. Pero, en la línea de meta, la rata saltó de la cabeza del buey para hacerse con el primer puesto. El buey se conformó con el segundo puesto y el veloz tigre se llevó el bronce. El conejo, que había saltado ágilmente por las piedras del río, quedó cuarto. El quinto fue el dragón, que podría haber volado fácilmente hasta el primer puesto, pero se detuvo para ayudar a los demás por el camino. Parecía que el caballo quedaría sexto, pero de repente apareció la serpiente, que lo asustó. Esta se deslizó hasta el sexto puesto y el caballo quedó relegado al séptimo.

La cabra, el mono y el gallo llegaron juntos a la meta, tras haber formado equipo para construir una balsa. Quedaron en octavo, noveno y décimo lugar, pero el verdadero premio fueron los amigos que hicieron por el camino. El undécimo fue el perro, que, aunque era un buen nadador, se distrajo jugando en el agua. Por último llegó el cerdo, que se había detenido para comer algo y echarse una siesta por el camino (totalmente comprensible).

¿Qué animal del horóscopo chino eres? Busca tu año de nacimiento en la tabla de la página siguiente.

RATA	2020, 2008, 1996, 1984, 1972	Rápido de pensamiento, ingenioso, ambicioso. No se fía.
BUEY	2021, 2009, 1997, 1985, 1973	Trabajador y confiable. Demasiado confiado.
TIGRE	2022, 2010, 1998, 1986, 1974	Competitivo. Un poco intenso.
CONEJO	2023, 2011, 1999, 1987, 1975, 1963	Tranquilo. Demasiado tranquilo. No le quites ojo.
DRAGÓN	2024, 2012, 2000, 1988, 1976, 1964	Entusiasta, generoso y amable. Yo lo soy, lo cual mola.
SERPIENTE	2025, 2013, 2001, 1989, 1977, 1965	Encantador y astuto. Vamos, es una serpiente.
CABALLO	2026, 2014, 2002, 1990, 1978, 1966	Seguro y decidido. Fanático del fitness.
CABRA	2015, 2003, 1991, 1979, 1967	Amigable y empático. Odia los conflictos, pero es demasiado callado para decir nada.
MONO	2016, 2004, 1992, 1980, 1968	Curioso y amante de la diversión. Está aquí para pasarlo bien.
GALLO	2017, 2005, 1993, 1981, 1969	Diligente y valiente. Molesto por las mañanas.
PERRO	2018, 2006, 1994, 1982, 1970	Amable, leal, amistoso. Buen chico.
CERDO	2019, 2007, 1995, 1983, 1971	Solo quiere relajarse. Siempre quiere picar algo.

MITOLOGÍA JAPONESA

Adéntrate en un mundo extraño y maravilloso de espíritus, criaturas misteriosas, hermanos que se pelean y amores poco convencionales. La mitología japonesa tiene sus raíces en las religiones sintoísta y budista. El sintoísmo se centra en los kami (seres a medio camino entre dioses y espíritus), que, según se cree, viven dentro de todas las cosas. Los kami ocupan un lugar destacado en los mitos japoneses, especialmente en los relacionados con los orígenes del mundo (en las siguientes páginas se los denomina «dioses»).

Dos fuentes importantes de los mitos japoneses son el *Kojiki* y el *Nihonshoki*.

El *Kojiki* es un relato de mitos y leyendas que, según se cree, se redactó a principios del siglo VIII, lo que lo convierte en la obra más antigua que se conserva de la literatura japonesa. El *Nihonshoki* se completó en el año 720 d. C. y contiene un relato detallado de los mitos y la historia de Japón.

Estos relatos han servido de inspiración para la cultura pop japonesa, incluyendo las películas del Studio Ghibli, los videojuegos de Nintendo y series de anime, como *Sailor Moon*. Estas historias han tenido una gran influencia tanto en Japón como fuera del país asiático.

KUNIUMI

Al principio, surgieron dos generaciones de dioses: primero los kotoamatsukami, seguidos por los kamiyonanayo. Entre los primeros se encontraban Izanagi e Izanami, otra pareja de hermanos y, también, marido y mujer.

Pero por entonces la tierra no era más que una especie de puré espeso. A Izanagi e Izanami se les encomendó la tarea de dar forma a la tierra con una lanza incrustada de joyas. La pareja removió el puré de tierra con la lanza y las gotas de la punta de la lanza se convirtieron en la primera isla, Onogoroshima.

Izanami comentó entonces que tenía una parte sin terminar entre las piernas. Izanagi respondió que entre sus piernas había una parte..., digamos, extra y que deberían ver qué pasaba cuando las unieran. Así que llevaron a cabo un ritual matrimonial, consumaron el acto y, como era de esperar, nació un niño: Hiruko.

Pero Hiruko nació sin huesos, porque Izanami, la esposa, había hablado primero en el ritual matrimonial. ¡Qué atrevida! Hiruko fue arrojado al mar e Izanagi e Izanami llevaron a cabo el ritual matrimonial correctamente esta vez, lo que dio lugar al nacimiento de las islas de Japón. Todas estas historias que narran la creación de las islas se conocen como Kuniumi.

KAMIUMI

Después de Hiruko, Izanami volvió a quedarse embarazada del dios del fuego, Kagutsuchi. Pero, durante el parto, él, siendo el dios del fuego, quemó el útero y la vagina de Izanami y ella murió a causa de las terribles heridas.

Cegado por el dolor, Izanagi aplastó a su hijo recién nacido en un ataque de locura. Estaba decidido a recuperar a su esposa. Viajó a la tierra de los muertos, Yomi, y allí encontró a Izanami. Pero no era una bonita estampa precisamente: era un cadáver en descomposición, con la carne putrefacta y las entrañas colgando de los huesos. Izanagi huyó y fue expulsado de Yomi por el demonio Shikome.

Como se puede ver, no le salió bien el plan. Izanagi necesitaba urgentemente una ducha, así que llevó a cabo un ritual de purificación y, del agua que se derramó sobre él, nacieron tres dioses: Amaterasu, diosa del sol, que brotó del ojo derecho de Izanagi; Tsukuyomi, deidad de la luna, que le brotó del ojo izquierdo; y Susanoo, dios de las tormentas, que le brotó de la nariz. Se los conoció como «los tres hijos preciosos».

Todo este proceso de creación de la mitología japonesa se conoce como Kamiumi.

AMATERASU EN LA CUEVA

Susanoo era un alborotador. Después de ser expulsado del cielo, decidió visitar a su hermana mayor, Amaterasu. Pero discutieron, Susanoo perdió los estribos y arrojó un caballo a la sala de tejido de Amaterasu. Lo típico entre hermanos, ¿verdad?

Harta de las travesuras de su hermano, Amaterasu se enfadó y se refugió en una cueva. No fue una buena decisión, ya que, sin la diosa del sol, el mundo se vio privado de la luz solar que da vida. Así pues, los dioses decidieron atraer a Amaterasu para que saliera.

El plan A consistía en atraer a Amaterasu con un grupo de ruidosos gallos.

No funcionó. El plan B consistía en colgar un gran espejo fuera de la cueva para que Amaterasu se sintiera atraída por su propio reflejo. Pero tampoco funcionó.

El plan C involucraba a la diosa de la diversión y la fiesta, Ame-no-Uzume. Ella saltó y comenzó a realizar un entusiasta *striptease*, quitándose la ropa con alegría. Amaterasu escuchó el alboroto y finalmente salió de su cueva para ver... probablemente más de lo que esperaba. Los dioses sellaron rápidamente la cueva y la luz del sol volvió al mundo.

EL PRIMER EMPERADOR JIMMU

El primer emperador de Japón fue una figura legendaria llamada Jimmu. Gobernó el país desde el 660 hasta el 585 a. C., cuando murió con 125 años. Según el mito, Jimmu era descendiente directo de la diosa del sol Amaterasu, lo que le confería a él y a todos los emperadores posteriores un linaje divino.

Amaterasu envió a su nieto Ninigi para controlar a todas las deidades de la tierra. Pero este último se distrajo inmediatamente con, cómo no, una hermosa muchacha. Se trataba de Sakuya-hime. Los dos se enamoraron al instante. Ninigi pidió permiso al padre de Sakuya-hime para casarse con ella, pero el padre le ofreció en su lugar a su hija mayor, Iwa-Naga-hime. Ninigi encontró a Iwa-Naga-hime horriblemente fea y la rechazó. Debido a esto, él y sus descendientes serían condenados a una vida de corta duración.

Ninigi y Sakuya-hime tuvieron tres hijos: Hoderi, Hosuseri y Hoori. Hoori se casó con Toyotama-hime (que resultó ser un dragón, nada raro) y su hijo, Ugayafukiaezu, fue el padre del emperador Jimmu.

El círculo rojo de la bandera japonesa representa a la diosa del sol y la legitimidad de sus descendientes para gobernar Japón como emperadores.

EL CUENTO DE LA PRINCESA KAGUYA

Una vez, un cortador de bambú estaba... cortando bambú, cuando descubrió a una niña dentro de un tallo. El cortador de bambú y su esposa no tenían hijos, así que decidieron criarla como si fuera suya y la llamaron Kaguya.

Para su gran alegría, el cortador de bambú encontró una pepita de oro dentro de cada tallo de bambú que cortaba. La familia se hizo muy rica y Kaguya se convirtió en una gran belleza. No pasó mucho tiempo antes de que cinco nobles pretendientes se pelearan por casarse con ella.

A Kaguya no le gustaba la idea del matrimonio, así que pidió a cada pretendiente que encontrara un tesoro difícil de conseguir y les prometió que se casaría con quien lo obtuviera primero. Tres pretendientes regresaron con falsos tesoros, el cuarto se rindió y el quinto murió en el intento. El propio emperador también probó suerte, pero Kaguya lo rechazó sin dudar.

Las cosas dieron un giro cuando Kaguya reveló que venía de la luna y que tendría que regresar allí. El emperador envió a sus guardias para protegerla, pero llegó una embajada celestial y los cegó a todos. Kaguya se marchó con la embajada y ascendió al hogar del que provenía, la luna.

SERES MÍTICOS

La mitología y el folclore japoneses cuentan con una rica variedad de bestias y seres.

Los yokai son espíritus sobrenaturales que pueden ser benevolentes, traviesos o maliciosos. Pueden parecer animales, humanos u objetos inanimados.

Los tsukumogami son objetos domésticos que han adquirido un espíritu. Cuando un objeto cumple cien años, se convierte en un tsukumogami. En su mayoría son inofensivos, pero pueden desarrollar una tendencia vengativa si se los maltrata o desecha.

Los shikigami son espíritus conjurados para llevar a cabo el trabajo sucio de su amo, como robar o espiar. Son invisibles, pero pueden adoptar la forma de pequeñas muñecas de papel. Los shikigami aparecen en la película de animación *El viaje de Chihiro*.

Los kitsune, o zorros, son criaturas inteligentes y camaleónicas del folclore japonés. Tienen hasta nueve colas y son la inspiración del Pokémon Ninetales, cuyo nombre significa, precisamente, «nueve colas».

Los tanuki, o perros mapaches japoneses, son criaturas traviesas conocidas como bake-danuki en el folclore. Pueden cambiar de forma e incluso poseer a los humanos. El casero favorito de todos en la serie de videojuegos Animal Crossing, Tom Nook, es un tanuki y su nombre proviene de este animal.

LA JOROGUMO

En este punto procede contar una divertida historia de amor sobre un leñador y una araña demoniaca asesina.

Los lugareños sabían que debían evitar el cercano lago, ya que estaba habitado por una jorogumo, una aterradora araña yokai que podía arrastrar a los hombres a una muerte por ahogamiento. Pero un leñador que venía de fuera, sin sospechar nada, se topó con el lago, donde conoció a una hermosa mujer. ¿Y adivinad qué pasó? Pues eso, que se enamoraron.

El leñador regresaba al lago todos los días para visitar a su amada. Pero el sacerdote budista local conocía la verdadera naturaleza arácnida de esta mujer y un día lo acompañó. Cuando llegaron al lago, el sacerdote comenzó a cantar y una telaraña surgió del agua.

El leñador ahora sabía que su novia era un demonio araña. Pero eso no lo disuadió. Pidió permiso para casarse con ella, pero fue rechazado. Corrió de vuelta al lago, quedó atrapado en telas de araña y fue arrastrado bajo el agua. Nunca más se le volvió a ver.

Quizás la jorogumo y el leñador vivieron felices para siempre. O quizás ella se lo comió.

América del
Sur y Central

Las civilizaciones maya, azteca e inca a menudo se confunden. Es fácil pensar en Machu Picchu, los discos solares dorados y los sacrificios humanos, y combinarlos en una civilización vagamente mexicana y vagamente antigua. Pero los pueblos maya, azteca e inca procedían de lugares y épocas diferentes, por lo que tienen culturas distintas. Y, aunque sus mitologías tienen algunos puntos en común, también hay muchas peculiaridades individuales en las que profundizar.

Los pueblos mayas son mucho más antiguos y duraderos que los aztecas o los incas. Situada en lo que hoy es el sureste de México, Belice, Guatemala y el oeste de Honduras y El Salvador, la civilización maya comenzó a desarrollarse alrededor del año 2000 a. C. y floreció hasta el siglo ix d. C. Las grandes ciudades mayas habían desaparecido en su mayoría antes de que los conquistadores españoles llegaran en el siglo xvi para colonizar la zona mesoamericana. Hoy en día, los pueblos mayas son recordados sobre todo por su sistema de escritura (el más desarrollado de la América precolombina), sus impresionantes templos piramidales y, sin duda, por no haber predicho el fin del mundo para el 2012.

El Imperio azteca, situado en el centro de México, es sorprendentemente reciente en comparación. Formado por una alianza de tres ciudades-Estado (Tenochtitlán, Tetzcoco y Tlacopan) en 1428, el imperio floreció durante menos de cien años, antes de ser conquistado por los españoles en 1521. Ciudad de México se construyó sobre las ruinas de Tenochtitlán y la mayoría de los aztecas murieron a causa del hambre, los trabajos forzados o las enfermedades que habían llevado los europeos. Los aztecas eran expertos constructores de pirámides, hábiles en la agricultura y aficionados a los sacrificios humanos. Su idioma, el náhuatl, nos ha dejado sabrosas palabras, como aguacate, chile y chocolate. ¡Qué rico!

Los incas procedían de más al sur y ocupaban la cordillera de los Andes en una amplia franja de la costa occidental de Sudamérica. Surgida a principios del siglo XIII, la civilización inca tampoco tuvo que esperar mucho hasta que los españoles la invadieron, en 1532. En su apogeo, los incas contaban con una magnífica ciudad central, Cuzco, un impresionante sistema para registrar información en cuerdas anudadas llamadas *quipu*, y una gran destreza en el cultivo en terrazas, el trabajo con fibras y la construcción, todo en un entorno montañoso hostil. Es inca-íble.

MITOLOGÍA MAYA

Con un gran número de deidades y seres sobrenaturales, la mitología maya antropomorfizaba las fuerzas y los fenómenos naturales en un intento por explicar su origen. A pesar de ser mucho más antigua, esta mitología comparte algunas similitudes con la azteca, por ejemplo, el dios Kukulkán (Quetzalcóatl para los aztecas). La idea de que los dioses hicieron múltiples intentos por crear a la humanidad es también algo que veremos de nuevo con los aztecas.

No nos quedan muchos textos de los pueblos mayas, ya que los conquistadores destruyeron gran parte de ellos durante la colonización española de América. El *Popol vuh* («Libro de la comunidad») es uno de los únicos textos que tenemos que describe los mitos mayas. Lo concibió el pueblo quiché (uno de los pueblos mayas) y relata un mito de la creación y las hazañas de los gemelos héroes (a los que llegaremos en un momento). Originalmente transmitido por vía oral, el *Popol vuh* fue finalmente recogido por escrito por un fraile español alrededor del año 1550.

CREACIÓN

Así es la creación, según el *Popol vuh*.

La tierra fue creada por un grupo de dioses creadores, entre los que se encontraban Corazón del Cielo (también llamado Huracán), la serpiente emplumada Q'uq'umatz y otros cinco más. Para separarla del cielo, formaron un gran árbol que mantuviera ambos elementos divididos. Luego crearon las plantas. Pero todo estaba en silencio. Demasiado silencio.

Los dioses decidieron crear animales. Pero estos no adoraban a los dioses. Algo había salido mal, así que lo intentaron de nuevo. En el segundo intento, crearon a los primeros seres humanos, a partir del barro. Pero estos seres humanos no tenían alma y tampoco los adoraban. Así que los dioses destruyeron lo que habían creado. En un tercer intento, los dioses crearon más seres humanos a partir de la madera. Pero la gente seguía sin adorar a los dioses, por lo que estos los aniquilaron con un gran diluvio.

Por fin, probaron con el maíz. El maíz era una materia preciosa y vivificante: finalmente, estos humanos sí que satisfacían a los dioses. Si al principio no tienes éxito…

DIOSES DE LA MITOLOGÍA MAYA

Estas son algunas de las deidades más importantes del panteón maya.

- **Kukulkán** es una deidad serpiente emplumada, a veces equiparada con Q'uq'umatz, a quien conocimos en el mito de la creación quiché como uno de los dioses creadores. También es más o menos equivalente a Quetzalcóatl, de la mitología azteca, con quien nos encontraremos más adelante.

  Kukulkán también ha sido identificado como la Serpiente de la Visión, una criatura prominente en el arte maya que actúa como mensajera entre los pueblos mayas y los dioses y antepasados.

- **Chaac** es el dios de la lluvia. Es un ser humanoide, con escamas reptilianas y largos colmillos, y lleva un hacha relámpago con la que provoca lluvias y tormentas. Se creía que tenía cuatro aspectos o personalidades diferentes, que se correspondían con los cuatro puntos cardinales. Según un mito, Chaac dio maíz al pueblo al partir con su hacha la montaña donde se albergaba todo este fruto.

- **Itzamná**, como gobernante de los cielos, el día y la noche, es una de las deidades mayas más importantes. Dependiendo de la fuente, Itzamná es el hijo o la manifestación del dios creador Hunab Ku. Como héroe cultural (una figura que instruye a la humanidad o aporta aspectos de la civilización, como las tradiciones y la cultura), a Itzamná se le atribuye haber enseñado a los humanos a cultivar maíz y a escribir, así como haberles aportado la medicina, el calendario y los rituales religiosos. A veces se le asocia con el sol.

- **Ixchel** es la diosa de la luna, el parto, la medicina y las artes femeninas.

A veces se la describe como la esposa de Itzamná, otras como una manifestación de él, pero no siempre es tan benevolente como este último, ya que puede provocar inundaciones y tormentas destructivas si le apetece. A menudo se la representa como a una anciana con orejas de jaguar u otros rasgos de este animal.

LOS HÉROES GEMELOS

La historia de los gemelos héroes del *Popol vuh* comienza en realidad con otros gemelos: Hun Hunahpu y Vucub Hunahpu. Estos chicos jugaban al balón de forma bulliciosa, sin tener en cuenta a los demás. Por desgracia, sus vecinos eran los Señores de la Muerte, los dioses del inframundo Xibalba. «¡Haced menos ruido!», gritó uno de ellos. Los demás chasquearon la lengua. «Adolescentes molestos... No tenéis respeto alguno...».

Los Señores de la Muerte invitaron a los gemelos a Xibalba y los sometieron a unas complejas pruebas. Se disfrazaron de maniquíes de madera e intentaron que los gemelos se sentaran en un banco en llamas. Los gemelos quedaron en ridículo al no reconocer cuáles eran los verdaderos Señores de la Muerte y cuáles eran de madera (qué vergüenza), y, al sentarse en el banco en llamas... ¡ay!

El castigo por no superarlas era la muerte. Hun Hunahpu fue decapitado y su cabeza se colgó de un árbol. Cuando la diosa Xquic pasó por allí, el cráneo de Hun Hunahpu le escupió en la mano y la dejó embarazada. Con el tiempo, Xquic dio a luz a dos niños sanos: Hunahpu y Xbalanque. Estos fueron los gemelos héroes.

Un día, Hunahpu y Xbalanque encontraron el viejo equipo de juego de pelota de su padre y comenzaron a jugar. Demostraron ser tan talentosos, y tan ruidosos, como su progenitor. Una vez más, los Señores de la Muerte se vieron molestados y convocaron a los gemelos a Xibalba.

Intentaron los mismos trucos que con Hunahpu y Xbalanque. Pero estos gemelos eran muy ingeniosos, por lo que enviaron mosquitos para que les picasen a los Señores de la Muerte, y así poder distinguir los reales de los de madera. Se negaron a sentarse en el banco ardiente porque, ¿por qué ibas a sentarte en un banco que ardía?

La única forma de resolverlo era mediante un juego de pelota. Los Señores de la Muerte volvieron a intentar engañarlos utilizando una pelota con cuchillas, pero los gemelos acabaron venciéndolos.

El castigo por la victoria era... la muerte. Se ve que los Señores de la Muerte eran malos perdedores. Exigieron quemar vivos a los gemelos. Pero los gemelos acabarían reencarnándose en el gran ciclo de la vida y la muerte.

MITOLOGÍA AZTECA

Al igual que los mayas, los aztecas contaban con un extenso panteón de dioses y sus mitos también trataban sobre la creación del mundo, el desarrollo de la humanidad y el origen de los fenómenos naturales. Como cúmulo de muchos pueblos y culturas, los aztecas tenían numerosas versiones y variaciones diferentes de sus mitos: por ejemplo, tenían varios acerca de la creación y hay al menos cuatro o cinco relatos del nacimiento de Quetzalcóatl.

El sacrificio de sangre era fundamental en la mitología y la religión aztecas. Los aztecas creían que los sacrificios de sangre humana eran necesarios para alimentar a la tierra y evitar que esta acabara devorándolo todo (véase Cipactli). Los sacrificios también eran una forma de honrar o sostener a los dioses: hay un mito en el que el dios Huitzilopochtli debe recibir sangre humana para mantener su fuerza (como verás).

Además de toda esa sangre, las siguientes páginas te presentarán a un dios deliciosamente destructivo llamado Tezcatlipoca, un tipo con cuatrocientos un hermanos vengativos y un *Romeo y Julieta* de la época azteca.

LOS CUATRO TEZCATLIPOCAS

Del vacío de la nada surgió la primera deidad, Ometeotl. Era a la vez masculino y femenino, luz y oscuridad, día y noche, bien y mal. Ometeotl dio vida a cuatro hijos, cada uno de los cuales presidía uno de los cuatro puntos cardinales. En el norte estaba el dios negro Tezcatlipoca, deidad de la noche y la discordia. En el este, el dios rojo Xipe Totec, del oro y la agricultura. En el sur, el dios azul Huitzilopochtli, de la guerra. Y en el oeste, el dios blanco Quetzalcóatl, de la luz, la vida y la sabiduría. Juntos, eran los Tezcatlipocas.

Los cuatro Tezcatlipocas se pusieron manos a la obra para crear el mundo.

Pero había un problema: tan pronto como se creaba algo, lo devoraba el monstruoso cocodrilo Cipactli, que siempre estaba hambriento (Cipactli, todos hemos pasado por eso). Así que Quetzalcóatl y Tezcatlipoca idearon un plan. Tezcatlipoca atrajo a Cipactli a la superficie del agua, donde Cipactli le comió rápidamente la pierna como merienda. Los otros dioses lo capturaron, lo mataron y crearon la tierra a partir de su cadáver.

Los ataques de hambre de Cipactli terminaron de esta manera.

LOS CINCO SOLES

Los Tezcatlipocas crearon a los seres humanos y a más dioses, entre ellos, a Tláloc, dios de la lluvia, y a Chalchiuhtlicue, diosa de los océanos. Pero les faltaba un sol. Tezcatlipoca se ofreció voluntario para asumir la tarea, pero Quetzalcóatl, celoso, lo echó del cielo. En represalia, Tezcatlipoca destruyó a la humanidad con su ejército de jaguares.

Los dioses crearon nuevos seres humanos y Quetzalcóatl se convirtió en el segundo sol. Pero la gente empezó a faltarles al respeto a los dioses, por lo que Tezcatlipoca los convirtió en monos. Así, Tláloc se convirtió en el tercer sol.

Todo iba bien hasta que Tezcatlipoca sedujo a la esposa de Tláloc (¿qué le pasa a este tipo?) y este último, desesperado, hizo llover fuego sobre la tierra y destruyó todo. Chalchiuhtlicue fue el cuarto sol. Ella otorgó bondad a la humanidad, pero Tezcatlipoca la acusó de solo fingir ser amable (¡¿en serio, tío?!). Devastada, Chalchiuhtlicue lloró sangre durante cincuenta y dos años e inundó el mundo entero. Ya era suficiente. Quetzalcóatl recuperó los huesos de todos los humanos fallecidos del inframundo y resucitó a la raza humana. Los humanos emergieron bajo la luz del quinto y actual sol, Huitzilopochtli.

HUITZILOPOCHTLI

Según una tradición, Quetzalcóatl (junto con su hermano gemelo Xolotl) era en realidad hijo de la diosa madre Coatlicue. Pero los hijos que Coatlicue ya tenía —cuatrocientos hijos y una hija, Coyolxauhqui— no estaban muy contentos con su nuevo hermano (para ser justos, los hermanos pequeños siempre son una molestia), por lo que intentaron asesinar a su madre.

Pero tampoco fue para tanto. El dios del sol, Huitzilopochtli, ya completamente formado, salió del vientre de su madre, decapitó a Coyolxauhqui y lanzó su cabeza al cielo para que se convirtiera en la luna. También mató a muchos de sus hermanos, que quedaron esparcidos por el cielo en forma de estrellas. Todo en un solo día.

Pero los hermanos asesinados (o al menos sus cabezas) aún no habían terminado con Huitzilopochtli y lo persiguieron en una caza sin fin. Y así, el sol, la luna y las estrellas se persiguen unos a otros por el cielo todos los días.

Para fortalecer y nutrir a Huitzilopochtli en su vuelo, los aztecas deben ofrecer sacrificios de sangre, porque, si Huitzilopochtli se cansa, Coyolxauhqui y sus hermanos lo atraparán y destruirán el mundo.

QUETZALCÓATL

Ya hemos escuchado dos versiones del nacimiento de Quetzalcóatl: o bien era hijo de la primera deidad, Ometeotl, o bien de la diosa madre Coatlicue. Pero esos no son los únicos relatos. Una tradición lo presenta como hijo de la diosa Chimalman, nacido después de que el dios Onteol se le apareciera en un sueño, o bien después de que el dios Mixcóatl le disparara una flecha entre las piernas, o bien después de que ella se tragara una piedra preciosa. La cosa no se queda aquí.

Los atributos de Quetzalcóatl también son numerosos. Sus dominios incluyen la vida, la luz, la sabiduría, el conocimiento, las artes y la artesanía, los comerciantes, el viento, el amanecer y el sacerdocio azteca. Suponía muchas cosas para mucha gente.

Quetzalcóatl también se identifica con la Estrella de la Mañana. Un rencoroso Tezcatlipoca (siempre es él, ¿no?) emborrachó a Quetzalcóatl y este terminó acostándose con su propia hermana, Quetzalpetlatl. En un gesto inusual para un dios, Quetzalcóatl sintió una inmensa vergüenza por su incesto, tanto que se prendió fuego y su espíritu ascendió al cielo para convertirse en la Estrella de la Mañana.

POPOCATÉPETL E IZTACCÍHUATL

La hija del jefe, Iztaccíhuatl, solo tenía ojos para un hombre: el guerrero Popocatépetl. Este le pidió permiso al padre de Iztaccíhuatl para casarse. Lamentablemente, al padre no le gustaba la idea, así que envió a Popocatépetl a la guerra, prometiéndole que podría casarse con Iztaccíhuatl si regresaba. El joven estaba destinado a morir, ¿verdad? Al fin y al cabo, era una guerra.

Pronto se extendió la noticia de que Popocatépetl había muerto en combate. Abrumada por la conmoción y el dolor, Iztaccíhuatl se derrumbó y murió. Pero, en un giro shakesperiano, resultó que la muerte de Popocatépetl era en realidad una noticia falsa. Estaba muy vivo y se dirigía a casa.

Cuando Popocatépetl se enteró de la muerte de Iztaccíhuatl, se sintió desconsolado. ¿Cómo podría seguir viviendo sin su amada? Así, construyó una pirámide funeraria y llevó el cuerpo de Iztaccíhuatl a la cima, antes de arrodillarse para velarla. Los dioses se conmovieron tanto que transformaron a los amantes en los grandes volcanes que aún hoy llevan sus nombres. Y así se inmortalizó el amor de Popocatépetl e Iztaccíhuatl.

MITOLOGÍA INCA

Hoy en día, probablemente la civilización inca sea famosa gracias a Machu Picchu. Esta ciudadela inca fue abandonada durante la conquista española en el siglo XVI y no fue redescubierta hasta el siglo XX. Y no fue lo único que perdieron los incas. Los conquistadores destruyeron la mayor parte de sus registros, por lo que las pruebas que tenemos de los mitos incas provienen principalmente de la arqueología y de las historias que han sobrevivido entre los pueblos nativos de los Andes.

Para los incas, el sol era de suma importancia, ya que se consideraba que daba y sostenía la vida. Por lo tanto, se fomentaba el culto al dios sol, Inti, y la ciudad central del imperio, Cuzco, se construyó en honor a él.

Los incas utilizaban la mitología para reivindicar su derecho a gobernar sobre los demás pueblos de su imperio. Algunos mitos describían a los incas como superiores a otros pueblos, lo que justificaba su posición de autoridad como élite. Más tarde, tras la colonización del imperio, los mitos incas se utilizaron para mantener la identidad y las creencias incas frente al dominio español.

VIRACOCHA

Todo comenzó con la oscuridad. Entonces, el gran dios creador Viracocha surgió del lago Titicaca. Creó el sol, la luna y las estrellas, y luego decidió crear seres para habitar la tierra. Insufló vida a las piedras del suelo, que despertaron como los primeros seres humanos.

Pero estas personas eran torpes, brutos y sin cerebro, demasiado grandes y demasiado estúpidos como para saber velar por su propio bien. Por lo que Viracocha estaba muy disgustado con ellos. Al estilo típico de los dioses creadores, envió un gran diluvio para destruir a este primer grupo de personas y todas acabaron ahogadas por las aguas.

Como a la segunda va la vencida, esta vez Viracocha eligió piedras más pequeñas, guijarros, para insuflarles vida. Esparció su nuevo pueblo de guijarros por todo el mundo. Luego los dotó de lenguaje, música, habilidades, ropa y cultivos, antes de adentrarse en el océano Pacífico, para no volver a ser visto jamás.

Sin embargo, algunos creen que Viracocha decidió recorrer la tierra disfrazado de mendigo, guiando a sus creaciones y enseñándoles las costumbres de la civilización.

INTI

En lo que respecta al pueblo inca, Viracocha era un personaje remoto y distante. Sin embargo, su hijo Inti, el dios del sol, era mucho más relevante para la vida cotidiana del Imperio inca. Se concedía una gran importancia al sol, ya que, al fin y al cabo, era esencial para la agricultura y los incas también creían que el sol era el responsable de traer la lluvia. Esto convirtió a la deidad en el más importante de los dioses incas.

Inti brillaba con su rostro dorado en forma de disco, enmarcado por una melena de rayos de luz llameantes. Estaba casado con su hermana mayor (típico), Mama Quilla, la diosa de la luna. Como patrona del matrimonio y del ciclo menstrual, Mama Quilla era considerada una diosa madre y protectora y defensora de las mujeres.

El emperador del Imperio inca, llamado Sapa Inca, era considerado el hijo de Inti (o «el hijo del sol»). Así, el Sapa Inca podía conectarse firmemente con este dios inca tan prominente.

DIOSES DE LA MITOLOGÍA INCA

Al igual que los romanos, los incas asimilaron las deidades de las culturas que gobernaban, permitiéndoles que continuaran siguiendo a sus propios dioses y religiones. Por eso, algunos de los dioses y diosas que se enumeran a continuación comparten atributos y características.

MAMA PACHA	La diosa madre tierra. Preside la agricultura y las cosechas, y solo es superada en importancia por Inti.
PACHA KAMAQ	El esposo dragón de Mama Pacha, a menudo confundido con Viracocha.
SAPAY	El dios de la muerte y gobernante del Ukhu Pacha (inframundo).
MAMA QUCHA	La diosa del mar y los peces. Es la protectora de los pescadores y marineros.
MAMA SARA	La diosa del grano y el maíz, alimento básico de los incas.
ILLAPA	El dios del clima, que guarda la galaxia en una jarra y la utiliza para hacer llover.
APU	Dioses o espíritus de las montañas. Cada montaña tiene su propio Apu.
KON	El dios de la lluvia y el viento del sur.
URCUCHILLAY	El dios llama, el que vela por los animales.
AXOMAMMA	La diosa de las patatas. El mejor dios de todos los tiempos.

MANCO CÁPAC

Manco Cápac fue el legendario fundador del pueblo inca y de la ciudad de Cuzco, centro del imperio. Hay dos versiones principales sobre cómo la fundó y esta es una de ellas.

Inti no estaba contento. La gente de la Tierra era muy poco civilizada, vestía pieles de animales y buscaba comida. Así que mandó a su hijo y a su hija, Manco Cápac y Mama Ocllo, a arreglar las cosas.

Inti les dio un bastón de oro y les dijo que, donde el bastón se hundiera por completo en el suelo, allí debían construir una ciudad sagrada dedicada al sol. Así que Manco Cápac y Mama Ocllo emprendieron su misión, viajando por todas partes a través de las montañas. Finalmente llegaron a un valle donde su bastón de oro se hundió con facilidad en el suelo.

Fue allí donde Manco Cápac construyó un templo dedicado a Inti, su padre, reunió a toda la gente de los alrededores y fundó una magnífica ciudad: Cuzco.

CUZCO

Cuzco era la capital del Imperio inca y su centro político y militar. Gracias a ello, también tenía una enorme importancia mitológica.

Debido a la leyenda de Manco Cápac, el pueblo de Cuzco podía afirmar que descendía de Inti, el dios inca más importante e influyente. Esto le daba al pueblo inca (originario de Cuzco) legitimidad para gobernar sobre los demás pueblos y culturas que asimilaban a su imperio. Esto era crucial, ya que los incas (aquellos que tenían el estatus especial de «incas de sangre») eran menos de 50 000 individuos en un imperio de millones.

El legendario templo que, según se dice, fue construido por Manco Cápac era el Coricancha. Hoy en día solo se conservan los cimientos originales, ya que el resto fue destruido cuando los conquistadores españoles tomaron Cuzco. Pero debió de ser un espectáculo digno de contemplar: paredes doradas, un disco solar gigante y un patio lleno de estatuas de oro. Era un símbolo de la magnificencia de Inti, Cuzco y el pueblo inca.

Oceanía

Las cosas se van a mojar mientras navegamos hacia Oceanía. Primera parada, Australia.

Hay cientos de grupos aborígenes australianos diferentes que han habitado Australia durante más de 50 000 años. Solo en los últimos dos siglos han comenzado a identificarse como un solo grupo, pues esto no ha sido históricamente común a todos los pueblos aborígenes.

Existe una gran variedad de tradiciones y costumbres entre los aborígenes australianos, que hablan más de trescientos idiomas, pero un denominador común entre estas diversas culturas es una profunda reverencia por la tierra y la naturaleza. Las ceremonias desempeñan un papel importante en el mantenimiento de estas creencias espirituales y en la afirmación de la identidad aborigen. El arte también es un aspecto fundamental: el arte aborigen es la tradición artística ininterrumpida más antigua del mundo e incluye pinturas rupestres, tallas en madera, trabajos textiles, cestería y pintura puntillista, esta última más reciente. Los aborígenes australianos también tienen una fuerte tradición musical, con instrumentos propios como el diyeridú.

El pueblo maorí, vecino de Nueva Zelanda, se desarrolló de forma totalmente independiente de los aborígenes australianos. Procedentes de Polinesia, los primeros maoríes se establecieron en Nueva Zelanda en varias oleadas durante la primera mitad del siglo XIV. A lo largo de los siguientes siglos, desarrollaron su propia cultura e identidad antes de que los primeros europeos llegaran a sus tierras en el siglo XVIII. Los maoríes constituyen ahora alrededor del 16,5 % de la población de Nueva Zelanda y su cultura tradicional ha experimentado un renacimiento en los últimos años, tras la represión generalizada de la identidad maorí por parte de los colonos europeos a lo largo del siglo XIX.

Entre los elementos fundamentales de la cultura maorí se encuentran los tatuajes *moko*, la talla en madera *whakairo*, la música y la danza. Los maoríes están muy presentes en la cultura deportiva de Nueva Zelanda. Los aficionados al rugby estarán familiarizados con el *haka*, que realizan los All Blacks antes de un partido: esta danza tiene su origen en la cultura maorí y casi siempre la dirige un miembro del equipo de ascendencia nativa.

MITOLOGÍA ABORIGEN AUSTRALIANA

La mitología aborigen se remonta a miles de años atrás y se ha transmitido oralmente de generación en generación. Existen innumerables creencias y costumbres diferentes entre los pueblos aborígenes australianos, pero este capítulo no puede abarcarlas todas. Las historias que aquí se cuentan son una instantánea de algunos pueblos y no son en absoluto comunes a toda Australia. Se trata además de una mitología viva, ya que los aborígenes australianos siguen contando estas historias hoy en día, por lo que, por su naturaleza, estos mitos pueden variar.

Un tema recurrente en los mitos aborígenes es la importancia de la naturaleza. Muchas historias se centran en la topografía, en el entorno natural. Al contar y escuchar estos relatos, los aborígenes australianos aprenden sobre la geografía de la tierra y establecen una estrecha conexión con el mundo que los rodea, así como con los antepasados que formaron parte de él.

TIEMPO DEL SUEÑO

La clave para comprender la mitología aborigen es el concepto del «tiempo del sueño» (también llamado *altjeringa*). En términos generales, es una visión del mundo que tienen los aborígenes australianos que incluye las normas y la moral para llevar una buena vida y mantener relaciones adecuadas entre las personas, los animales y el entorno natural.

Como parte de este concepto más amplio, el *altjeringa* es también la era anterior a la existencia del mundo, durante la cual se creó todo lo que conocemos. Los seres espirituales y los antepasados vagaban por un espacio sin forma y crearon todos los atributos de la tierra, como las montañas y los ríos. Estas historias son fundamentales para la mitología aborigen, ya que a menudo proporcionan conocimientos sobre el medio ambiente (como las fases de la luna) y orientación moral (como el respeto hacia los animales).

SENDEROS ONÍRICOS

Las rutas de los antepasados que viajaron por el mundo durante el *altjeringa* se denominan senderos oníricos. Los aborígenes australianos utilizaban históricamente estas rutas para desplazarse por el territorio, llegar a importantes elementos y recursos naturales y encontrarse con otros pueblos aborígenes. Hoy en día, estos senderos siguen conectándolos con sus antepasados y el territorio.

A veces, las rutas se utilizan en el rito de iniciación llamado «movilidad temporal», que realizan los adolescentes varones. El rito consiste en sobrevivir en la naturaleza durante varios meses utilizando las rutas para orientarse y llegar a los guías espirituales. Cuando el niño regresa, ya se lo considera un hombre.

Una de las principales rutas es la de Tjilbruke, a lo largo del golfo de Saint Vincent, en la costa sur de Australia. Tjilbruke fue un antepasado creador del pueblo kaurna. Llevó el cuerpo de su sobrino a lo largo de la costa después de que este fuera asesinado por matar ilegalmente a un emú. Por el camino, las lágrimas de Tjilbruke formaron seis manantiales de agua dulce y, finalmente, agotado por el viaje y su dolor, Tjilbruke se transformó en un reluciente ibis.

LA SERPIENTE ARCOÍRIS

La Serpiente Arcoíris es una deidad creadora que aparece, con diferentes nombres, en los mitos aborígenes de toda Australia.

En el tiempo del sueño, antes de que se creara el mundo, todo era estéril y sin forma. Pero cuando llegó el momento, la Serpiente Arcoíris brotó de debajo de la tierra y, al empujar hacia arriba, formó crestas y montañas. Comenzó su viaje por el mundo. Como podía controlar el agua, llenó la tierra de ríos y lagos, y estas aguas hicieron que crecieran todas las plantas. Entonces, la Serpiente Arcoíris trajo la vida a la tierra: animales y personas.

La Serpiente Arcoíris velaba por los humanos y los protegía. Pero a veces estos desobedecían sus leyes, por lo que ella se veía obligada a castigarlos con sequías o inundaciones. Podía traer tanto la destrucción como la creación.

La Serpiente Arcoíris estableció su hogar en abrevaderos repartidos por toda la tierra. Y cada vez que se ve un arcoíris, es la propia serpiente moviéndose entre dos abrevaderos, a través de un gran arco en el cielo.

EL SOL

En muchos mitos aborígenes, el sol aparece como una deidad femenina. Aquí hay dos ejemplos.

- **Wuriunpranilli** es originaria del norte de Australia. Cada mañana enciende una pequeña hoguera en el este: el amanecer. Primero se cubre con ocre rojo, creando una impresionante salida del sol. Luego viaja hacia el cielo y los pájaros comienzan a cantar, despertando a los humanos. El viaje de Wuriunpranilli dura todo el día, pero finalmente llega al oeste. Su ocre rojo ya se ha desvanecido, así que se lo vuelve a aplicar, provocando una reluciente puesta de sol.

Luego viaja por debajo de la tierra hacia el este, a tiempo para la mañana siguiente.

- **Gnowee** proviene del pueblo wotjobaluk. Cuando todo el mundo estaba oscuro y la comida escaseaba, Gnowee dejó a su hijo pequeño un día para buscar ñames, utilizando solo una antorcha para iluminarse en el camino. Esta búsqueda la llevó tan lejos que perdió a su hijo. Subió al cielo para ver mejor y allí permanece hasta el día de hoy, buscando eternamente con su antorcha a su hijo perdido.

EL CUERVO ROBA EL FUEGO

Un cuervo observó a un grupo de siete hermanas mientras cocinaban ñames con unos curiosos palos luminosos. Esos ñames tenían un aspecto delicioso. El cuervo quería hacerse con esos palos luminosos, así que ideó un plan.

El cuervo engañó a las hermanas para que molestaran un hormiguero en el que se escondían serpientes. Como era de esperar, las serpientes atacaron a las hermanas, que se vieron obligadas a utilizar los palos para defenderse. Pero los palos no estaban hechos para el combate y se rompieron. Las partes luminosas se desprendieron y acabaron cerca del cuervo. ¡En realidad eran trozos de carbón! Ese debía ser el secreto de la cocina. El cuervo tomó los carbones y salió corriendo.

Ahora que el cuervo había desvelado el secreto del fuego, no tardó en atraer a una gran multitud de animales que le pedían que cocinara para ellos. Pero el cuervo se hartó del ruido que hacían todos aquellos animales, así que les lanzó los carbones al rojo vivo. Pero lo único que consiguió fue provocar un voraz incendio forestal que le acabó quemando las plumas.

Y por eso el cuervo es negro.

LOS TRES HERMANOS

Había una vez tres hermanos que se embarcaron en un viaje ritual. Pero pronto se preocuparon por sus padres (que, a buen seguro, estaban disfrutando de la paz y la tranquilidad), por lo que el hermano menor se ofreció voluntario para volver y ver cómo estaban. Al salir de donde se encontraba vio a una bruja. «Ah, no te preocupes —se dijo a sí mismo—, solo es una bruja».

Fue a ver cómo estaban sus padres y regresó al lugar de donde había partido. Pero sus hermanos habían desaparecido y en su lugar estaba la bruja. El hermano menor le exigió saber qué había hecho con sus hermanos. «Me los comí —respondió ella—. ¡Y ahora te voy a comer a ti!».

Pero, antes de que tuviera oportunidad, el hermano menor la golpeó con su bumerán y ella cayó muerta. Recogió los huesos de sus hermanos y los enterró. Luego, tan angustiado por no haber podido salvarlos, se suicidó.

Los espíritus transformaron los cuerpos en tres grandes montañas, que aún hoy siguen en pie: las montañas Three Brothers, en Nueva Gales del Sur.

LAS SIETE HERMANAS

Líneas atrás conocimos a las siete hermanas, cuando el cuervo les había robado el fuego. Aquí hay una historia diferente sobre ellas.

Las siete hermanas estaban ocupándose de sus cosas, cuando de repente apareció de la nada un hombre salvaje y comenzó a perseguirlas. No dejaba de gritar que estaba enamorado de ellas y que quería casarse con alguna, y que no aceptaría un no por respuesta. Las hermanas seguían corriendo y corriendo, pero el hombre no dejaba de perseguirlas.

Finalmente, una de las hermanas se cansó y se detuvo para beber. Mientras bebía de un estanque, oyó un ruido detrás de ella y se volvió rápidamente. El hombre se acercaba a ella, relamiéndose los labios. Ella empezó a correr de nuevo, tan rápido como pudo.

Alcanzó a sus hermanas, pero ¿qué podían hacer? Parecía que el hombre nunca dejaría de perseguirlas. En un intento desesperado por escapar de él, se lanzaron al cielo, convirtiéndose en la constelación de las Pléyades (también conocidas como las Siete Hermanas).

MITOLOGÍA MAORÍ

Después de establecerse en Nueva Zelanda, tras viajar desde Polinesia, los maoríes desarrollaron su mitología a partir de los mitos y creencias polinesios. Los polinesios eran grandes navegantes del océano, por lo que no es de extrañar que muchos de sus mitos y narraciones tengan como tema el mar, el agua y los viajes. Esto también se ha transmitido a la mitología maorí, que también se centra en los orígenes de los fenómenos naturales, la naturaleza humana y las prácticas culturales, como el fuego, la muerte y el arte.

Al igual que la mitología aborigen, la mitología maorí es de tradición oral. Uno de sus aspectos clave es la recitación del *whakapapa*, la genealogía y el linaje individual de una persona. Este marco vincula al pueblo maorí con su historia y su tierra, por lo que, a través del *whakapapa*, se explican tanto los orígenes del mundo como el lugar de los maoríes en él.

En las próximas páginas, conocerás a un gruñón dios del mar, a una diosa del fuego muy paciente y al gran héroe maorí Maui, que vive muchas aventuras y tiene un final desafortunado.

RANGI Y PAPA

Ranginui y Papatūānuku (también conocidos como Rangi y Papa) son otra pareja, de padre celestial y madre terrenal, cuyos miembros desempeñan los papeles principales en este mito maorí de la creación.

Rangi y Papa estaban muy enamorados. Yacían en la oscuridad, estrechamente abrazados, y Papa dio a luz a innumerables hijos de Rangi. Pero estos hijos estaban atrapados en medio del estrecho abrazo de sus padres, incapaces de moverse o incluso de ver, ya que no les llegaba ninguna luz.

Los hermanos querían liberarse de sus padres, pero, como todos los hermanos, discutían sobre cómo hacerlo. Tūmatauenga, el dios de la guerra, propuso matarlos, pero Tāne-mahuta, dios de los bosques, tuvo una idea mucho más pacífica: separarlos.

Cada uno de los hermanos intentó separarlos, sin éxito. Le tocó a Tāne-mahuta volver a arreglarlo todo. Con sus piernas, inmensamente fuertes, Tāne-mahuta empujó a Rangi hacia el cielo, separándolo de su esposa Papa, la tierra, que se encontraba debajo.

LA FAMILIA DE TANGAROA

Cuando Rangi y Papa fueron separados, su hijo Tāwhirimātea se enfureció. Él era el único de sus hermanos que no había aceptado la separación, por lo que estaba decidido a hacer algo al respecto. Como dios de las tormentas, desató un feroz huracán que destruyó los bosques de su hermano Tāne-mahuta y empujó a Tangaroa, otro hermano suyo, al océano.

Ahora obligado a esconderse en los mares, Tangaroa tuvo un hijo. Punga fue el antepasado de todas las criaturas extrañas y deformes (el insulto «descendiente de Punga» se le dice a una persona fea) y él mismo tuvo dos hijos: Ikatere y Tū-te-wehiwehi. Estos dos hijos estaban tan aterrorizados por los continuos ataques de Tāwhirimātea contra su familia que Ikatere huyó al océano, convirtiéndose en el antepasado de todos los peces, y Tā-te-wehiwehi huyó a los bosques, convirtiéndose en el antepasado de todos los reptiles.

Tangaroa aún le guarda rencor a su hermano Tāne-mahuta por dar refugio a Tū-te-wehiwehi, cuyo hogar ancestral legítimo es el océano. Por esta razón, los maoríes consideran que la tierra y el mar son reinos opuestos.

LOS PRIMEROS SERES HUMANOS

Se presentan a continuación dos relatos sobre la creación de los seres humanos.

Una leyenda identifica a Tāne-mahuta como el creador de la humanidad. Creó al primer ser humano, Hineahuone, de sexo femenino, a partir de tierra y arcilla. Luego se unió a ella (ni un minuto para que se acostumbre a la vida) y Hineahuone dio a luz a una hija: Hinetītama. Tāne-mahuta también tuvo numerosos descendientes con Hinetītama y estos habitaron la tierra. Finalmente, Hinetītama descubrió que su marido era también su padre y huyó avergonzada al inframundo, renombrándose a sí misma como Hine-nui-te-pō.

Según otra historia, el primer hombre, Tiki, se sentía tan solo que cuando vio su reflejo en un estanque se convenció de que era un compañero. Se zambulló, pero la imagen se deshizo. Entonces, Tiki cubrió el estanque con tierra y dio lugar a la primera mujer. Esta mujer vio una anguila y se emocionó, por lo que Tiki emuló la emoción de ella, lo que dio lugar al primer acto sexual de la historia. Tiki ahora presta su nombre, a través de la distorsión de los occidentales, a la cultura tiki y a los bares tiki.

EL ORIGEN DEL *WHAKAIRO*

Una vez, un joven llamado Te Manuhauturuki navegó demasiado lejos de la costa y fue capturado por Tangaroa. El padre del desaparecido, Ruatepupuke, fue en busca de su hijo. Llegó a la casa submarina de Tangaroa, que estaba cubierta de intrincadas tallas de madera. Allí, Ruatepupuke vio a su querido hijo, transformado en una figura de madera y exhibido como un trofeo. Ruatepupuke se llenó de angustia y sintió que Tangaroa debía pagar por ello.

El padre rellenó todas las grietas y hendiduras de la casa para bloquear la luz. Luego se escondió en el porche. Los descendientes peces de Tangaroa regresaron a la casa y se quedaron dormidos. Pero, cuando llegó la mañana, no se despertaron, ya que dentro de la casa todavía estaba oscuro.

Esta era la oportunidad de Ruatepupuke, que incendió la casa de Tangaroa. Algunos peces, como los voladores y los salmonetes, lograron escapar, pero muchos otros no tuvieron tanta suerte. Ruatepupuke huyó del lugar llevándose consigo a su hijo de madera y algunas otras tallas, y así llevó el arte de la talla, el *whakairo*, al pueblo.

MAUI VA A PESCAR

El héroe semidiós Maui ha experimentado recientemente una gran popularidad gracias a su aparición en la aclamada película de Disney *Moana*.

Los hermanos mayores de Maui nunca le dejaban ir a pescar con ellos porque eran muy malos. Pero Maui tenía un plan. Mejoró el sedal que usaba con un conjuro maorí y luego se escondió en la canoa de sus hermanos.

Cuando estaban en el mar, Maui saltó de su escondite y, con mucha bravuconería, prometió pescar el pez más grande jamás visto. Ató su anzuelo, hecho con la mandíbula de su abuela (esperemos que a ella no le importara), a su sedal y lo lanzó al agua. Y, efectivamente, se tensó. Tirando con todas sus fuerzas, Maui sacó el pez más grande que se pueda imaginar. Era tan grande como, digamos, la Isla Norte de Nueva Zelanda, que es precisamente en lo que se convirtió. La canoa, por su parte, se convirtió en la Isla Sur.

Estas dos islas siguen siendo conocidas como Te Ika-a-Māui (el pez de Maui) y Te Waka-a-Māui (la canoa de Maui). ¿Qué puede decir Maui, excepto «De nada»?

MAUI Y MAHUIKA

Maui quería saber de dónde venía el fuego, así que visitó a su antepasada Mahuika, la diosa del fuego. Le pidió un poco de fuego y ella accedió, entregándole una de sus uñas ardientes.

Mientras Maui se alejaba, sintió curiosidad. ¿Qué pasaría si se llevara todo el fuego de Mahuika? Así que tiró la uña y volvió a ella alegando que se le había caído en un estanque. Mahuika puso los ojos en blanco y le entregó otra uña.

Maui regresó pronto, alegando que también había perdido la segunda uña. Mahuika le entregó otra, pero aquel volvió de nuevo con las manos vacías. Ella le dio otra, y otra, y otra, hasta que le había dado a Maui todas las uñas de las manos y los pies, excepto una.

Mahuika comenzó a sospechar. ¿Acaso alguien podía ser tan torpe? Se negó a entregarle la última uña del pie y, en su lugar, la tiró al suelo, provocando un voraz incendio. Fue necesaria una gran tormenta para extinguirlo. Pero Mahuika guardó las brasas y las escondió dentro de los árboles, cuya corteza todavía se utiliza hoy en día para encender fuegos.

MAUI VISITA EL INFRAMUNDO

A Maui no le apetecía morir. Quería la inmortalidad y decidió ir a buscarla a Hine-nui-te-pō, la diosa gobernante del inframundo.

Acompañado por una bandada de pájaros que le servían de alas (literalmente), Maui emprendió el viaje. Solo había un problema: la única forma de alcanzar la inmortalidad era entrar en Hine-nui-te-pō a través de su vagina. Y allí estaba ella, dormida boca arriba con las piernas abiertas. Pero Maui podía ver rocas de obsidiana dentadas entre sus muslos.

Ordenando a los pájaros que no se rieran para no despertar a la diosa, Maui se sumergió en ella. Pero la escena era demasiado ridícula para uno de los pájaros, que se echó a reír (¿y quién no?). Hine-nui-te-pō se despertó, sintió a Maui dentro de ella y cerró la vagina de golpe, aplastando a Maui con las afiladas rocas de obsidiana. Así, Maui fracasó en su misión de llevar la inmortalidad a la humanidad (¡y qué manera de morir!).

Y así, la muerte nos llegará a todos. Esperemos que no sea a través de los dientes de obsidiana de una entrepierna.

CONCLUSIÓN

El conjunto de relatos mitológicos de este libro son algunos de los más apasionantes que existen, pero solo son el principio. Hay mucho más que descubrir. Si eres fan de Hermes y Loki, por ejemplo, puedes echar un vistazo a Anansi, del pueblo akan de África Occidental, o al astuto Coyote de numerosas tradiciones nativas americanas.

A pesar de la diversidad de culturas y creencias, existen similitudes sorprendentes entre muchos de estos relatos. Las serpientes y los dragones, por ejemplo, tienen un significado casi universal a lo largo de este libro y nos hemos encontrado con nuestra buena dosis de inundaciones, madres tierra, historias sobre el origen del sol y la luna y, sí, relaciones incestuosas entre hermanos. Estos mitos intentan responder a las mismas grandes preguntas: ¿de dónde venimos? ¿Por qué morimos? ¿Es mi novia un demonio araña?

Así que, aunque cada mitología es única (al fin y al cabo, solo puede haber un Sun Wukong), ¿no es increíble y reconfortante que puedas estar haciéndote las mismas preguntas que alguien se hizo hace 10 000 años al otro lado del mundo?

Con todos los beneficios de la ciencia moderna, muchos podrían descartar estos mitos como pura ficción. Si es así, es una gran pena. Los mitos son mucho más que historias: ofrecen una visión incomparable de las vidas y las historias de los pueblos del mundo, infunden en las personas un sentido de pertenencia y orgullo cultural, enseñan lecciones importantes sobre el respeto a la tierra o sobre no afeitar el pelo de las personas para reírse (bien lo sabes, Loki), son creativos e inspiradores, tienen una enorme influencia en la cultura occidental contemporánea (las películas de superhéroes, *El señor de los anillos*, *Assassin's Creed* y *God of War*... nada de esto viene de la nada) y, sobre todo, son muy divertidos. No hay nada de ficticio en todo esto.

LECTURAS RECOMENDADAS

BERRESFORD ELLIS, Peter, *The Mammoth Book of Celtic Myths and Legends* (Little, Brown, 2003).

BUXTON, Richard, *Todos los dioses de Grecia* (Oberon, 2004).

CLAYTON, Matt, *Mitos chinos. Fascinantes mitos, leyendas y cuentos de hadas chinos* (2021).

DALLEY, Stephanie (trad.), *Myths from Mesopotamia* (Oxford University Press, 2008).

DANIELS, Mark, *World Mythology in Bite-sized Chunks* (Michael O'Mara Books, 2016).

DONIGER, Wendy, *Hindu Myths* (Penguin, 2004).

FRY, Stephen, *Mythos* (Anagrama, 2019).
Héroes (Anagrama, 2021).
Troya (Anagrama, 2023).

GAIMAN, Neil, *Mitos nórdicos* (Destino, 2017).

HAMILTON, Edith, *Mitología. Relatos atemporales de dioses y héroes griegos, latinos y nórdicos* (Folioscopio, 2022).

LEEMING, David, *The Oxford Companion to World Mythology* (Oxford University Press, 2009).

ORBELL, Margaret, *The Illustrated Encyclopedia of Māori Myth and Legend* (Canterbury University Press, 1995).

PINCH, Geraldine, *Egyptian Mythology: A Guide to the Gods, Goddesses, and Traditions of Ancient Egypt* (Oxford University Press, 2004).

READ, Kay Almere y GONZALEZ, Jason J., *Mesoamerican Mythology* (Oxford University Press, 2002).

Tales of Japan (Chronicle Books, 2019).

WILKINSON, Richard H., *The Complete Gods and Goddesses of Ancient Egypt* (Thames & Hudson, 2017).